아기 뇌가 좋아하는
뚝딱 오감발달놀이

0~36개월
육아가 쉬워지는
아기 놀이
90가지

아기 뇌가 좋아하는
뚝딱 오감발달놀이

짬뽕보꼬 **안선미** 지음
정우열 감수

시공사

추천의 글

육아가 편안하려면
놀이도 편안해야 합니다

　요즘 부모들은 육아를 정말 열심히 합니다. 그럴수록 육아가 더 쉽고 편해져야 할 텐데 오히려 더 어렵고 힘들어지니 참 딱한 노릇입니다. 대체 왜 그럴까요? 육아란 말 그대로 아기를 기르는 것이지만 아기를 기르는 주체는 부모입니다. 따라서 육아의 대상인 아기는 물론 육아의 주체인 부모 자신도 중요합니다. 하지만 요즘 부모들은 온통 아기에게만 집중해 육아를 하다 보니 부모 자신에 대해서는 차츰 소홀해지는 경향이 있습니다. 아기를 키우며 경험하게 되는 복잡다단한 감정들을 억누르다 결국 이것이 곪아 터져 힘들어하는 경우를 너무도 자주 봅니다.

　육아가 2~3년 내에 끝나는 일이라면 눈 딱 감고 그렇게 할 수 있을 것입니다. 잠시 동안은 부모 자신을 제쳐 두고, 감정과 욕구도 억누르며 버텨 볼 수 있을 것입니다. 그러나 아쉽게도 육아는 2~3년 내에 끝나는 일이 아닙니다. 20년 이상 걸리는 긴 과정입니다. 육상 경기에 비유하자면 100미터 달리기처럼 단거리 코스가 아닌 마라톤과 같은 장거리 코스입니다. 그러니 온통 아기에게만 집중한 육아를 하다 보면 부모의 육아 페이스가 무너지기 쉽습니다. 부모와 아기 사이에서 균형을 적절히 맞추는 것이 이 육아 페이스 조절의 포인트입니다.

    노래를 잘 부르려면 '공기 반-소리 반'이어야 한다는 말이 있지요. 저는 이것이 육아에도 똑같이 적용된다고 생각합니다. 육아를 잘 하기 위해서는 '아기 반-부모 반'이어야 한다는 점을 늘 염두에 두라고 말씀드리곤 합니다. 물론 이것은 쉽지 않은 일입니다. 일단 부모가 되면 자기도 모르게 아기에게 하나라도 더 해 주고 싶어지고, 그러다 보면 오버페이스하기 쉽습니다. 하지만 초반부터 육아 페이스 조절에 실패하면 나중에 아기에게 꼭 해 줘야 할 것을 제대로 못 해 주게 됩니다. 그러니 완벽한 육아란 더 이상 보탤 것이 없는 육아가 아닌, 더 이상 뺄 것이 없는 육아입니다.

    육아에서 꼭 필요한 것만 남기고 다 빼면 딱 2가지가 남습니다. 아기가 신체적으로 잘 자라도록 돕는 것 그리고 아기와 관계를 잘 맺는 것입니다. 후자에 있어서 놀이는 참 중요합니다. 부모와 자식은 20년 이상 관계를 형성해야 하고, 그러려면 20년 이상 함께 놀아야 합니다. 이런 면에서 볼 때 놀이가 육아에 있어 여러모로 중요한 것은 사실이지만, 요즘의 놀이 문화를 보면 이 역시 아기 중심적이고 점점 거창해지는 경향이 있습니다. 그러다 보면 부담감에 놀이를 시작조차 못 하거나 처음부터 오버페이스하다가 지치기 쉽습니다. 그러니 더 이상 뺄 게 없는 것이 가장 완벽한 것임은 놀이도 마찬가지입니다. 대단한 것을 하기보다는 일상에서 접하는 것들로 소소하고 부담 없이 지금 바로 시작할 수 있는 놀이가 가장 완벽한 놀이입니다.

    놀이를 선택하는 기준 역시도 '아기 반-부모 반'이 바람직합니다. 아기와 잘 놀고 싶다면 놀이가 과연 아기의 두뇌와 신체 발달에 도움이 되는지에만 연연하기보다 아기가 무엇을 좋아하고 또 싫어하는지에 먼저 관심을 가지는 것이 좋습니다. 놀이의 효과나 효용에만 집착하다 보면 놀이가 과제로 여겨져 엄마 아빠의 마음에 여유가 없어지기 때문입니다. 반면 세상을 탐험하는 아기의 행동에 관심을 가지다 보면 아기 스스로 탐색과 놀이를 시작하는 연장선상에서 부모가 아주 작은 것 하나만 더해 주어도 아주 재미있는 양질의 놀이를 할 수 있습니다. 그런 놀이는 거창한 것이 아니기에 부모도 마음에 부담을 느끼지 않고 여유를 누릴 수 있습니다. 놀이를 할 때에는 아기의 기호와 함께 부모 자신의 기호도 고려하는 것이 좋습니다. 아기만 재미있고 부모는 재미를 느끼지 못한 놀이는 오래갈 수 없기 때문입니다. 부모도 사람이기 때문입니다. '아기 반–부모 반'이 되어야 아기와 놀아 주는 게 아니라 함께 놀 수 있습니다. 2~3년 놀고 끝나는 것이 아니라 20년 이상 놀 수 있습니다.

이 책의 저자는 이러한 관점에서 독자들에게 다양하고 재미있는 놀이를 소개합니다. 이 책에는 이제 막 새로이 세상을 탐험하기 시작한 아기를 잘 관찰하고, 그 과정에서 아기와 부모 모두의 기호에 모두 맞는 놀이, 아기가 부모와 함께할 수 있는 간단한 놀이법을 다양하게 소개하고 있습니다. 책에서 제시하는 놀이법들을 하나하나 따라하는 것도 좋지만, 부모 자신의 성향과 취향에 따라 그리고 아기의 성향과 취향에 따라 세상 어디에도 없는 우리 가족만의 맞춤 놀이를 만들어 가는 일도 재미있을 것입니다. 이 과정을 통해 부모 또한 잊고 있었던 동심으로 돌아가는 맛을 경험할 수 있을 것입니다. 그렇게 되면 놀이는 더 이상 육아의 부담이 아닌 활력소가 됩니다. 놀아 주는 것은 힘들지만 함께 노는 것은 재미있습니다. 누구보다 재미있게 잘 놀아야 살 수 있는 존재가 바로 사람입니다. 이 책과 함께 아기와 함께 신나게 놀아 보시기 바랍니다.

정신건강의학과 전문의 정우열

목차

추천의 글 육아가 편안하려면 놀이도 편안해야 합니다 _정신건강의학과 전문의 정우열 * 5

시작하는 글 우리 아기를 위한 맞춤 놀이, 이렇게 만들어 보세요! * 14

놀이를 시작하기 전, 반드시 알아 두세요! * 21

Step 1 0~6개월
딸랑이와 흑백 장난감부터 도전해 보는 손쉬운 놀이

알록달록 젖병 딸랑이 * 24

한여름 더위도 날리는 얼음 딸랑이 * 26

오르락내리락 공 딸랑이 * 28

간단하고 귀여운 양말 인형 딸랑이 * 30

낡은 엄마 장갑을 재활용한 꽃게 인형 * 33

밝기에 따라 재미있게 변하는 흑백 롤 블라인드 * 36

데굴데굴 굴러가는 흑백 초점 공 * 38

꿈틀꿈틀 애벌레 장난감 * 40

돌돌 말이 수건 놀이 * 42

바스락바스락 옥수수 껍질 치발기 * 44

실리콘 치발기와 손수건으로 영차 줄다리기 * 46

요리조리 장애물을 넘어라, 올림픽 게임 * 48

콩이 오르락내리락, 칫솔 포장재 흑백 장난감 * 50
알록달록 모빌로 케이블 놀이 * 52
싸르륵 우르륵 투명 컵 곡물 시계 * 54

Bocco's Healing Recipe Story
수유와 이유식이 버겁고 힘든 날 미음으로 만든 쌀미음 라떼 * 56

Step 2 _{6~12개월} 재활용품과 식재료만 있으면 끝나는 초간단 놀이

대롱대롱 오징어 다리 잡기 * 60
찍찍 벨크로 장난감 상자 * 62
엄마표 만능 러닝 박스 * 65
식탁을 활용한 주렁주렁 벨크로 모빌 * 68
티 테이블로 손쉽게 완성하는 아기 텐트 * 70
찍찍 쪼르르 신나는 물놀이 친구들 * 73
다양하게 즐기는 사과 탐색 놀이 * 76
엄마 옷으로 재미있게 놀아요, 후드 점퍼 놀이 * 78
전자파 걱정이 필요 없는 그림 휴대전화 딸랑이 * 80
울룩불룩 콩뱀 촉각 인형 * 82
아빠와 함께하는 색깔 맞추기 놀이 * 84
신나는 신문지 놀이와 바스락 바스락 이불 촉각 놀이 * 86
또록 또로록 쭉쭉 튜브 마라카스 물총 * 88
냠냠 맛있는 과일 케이크 만들기 * 90
블록으로 얼굴 모양 맞추기 * 92

Bocco's Healing Recipe Story
느긋한 식사, 나만을 위한 밥 한 끼가 절실한 날 채소진밥으로 만든 카레 리소토 * 94

Step 3 몸도 마음도 쑥쑥 자라는
12~18개월 아기를 위한 IQ EQ 놀이

수성펜으로 만드는 물티슈 붕어 * 98
둥둥 물고기 페트병 배와 에이캡 낱말 책 * 101
미끌미끌 미역으로 오감발달놀이 * 104
찰랑찰랑 오징어 머리빗 * 106
달콤 향긋한 요구르트 그림 그리기 * 108
보글보글 뚝딱뚝딱 주방 놀이 * 110
멋쟁이 아기를 위한 장난감 가방, 에그백 * 112
일필휘지, 한석봉도 울고 가는 파 뿌리 붓 * 114
친환경 숯 물감을 이용한 욕실 수건 놀이 * 116
말랑말랑 쫄깃쫄깃 밀가루 놀이 * 118
고운 색감으로 시선을 사로잡는 천연 물감 놀이 * 120
꼬부랑 꼬부랑 국수 놀이 * 122
흐느적흐느적 해파리 잡기 * 124
엉금엉금 박스 동굴 기어가기 * 126
마음대로 척척 휴지 붙이기 놀이 * 128

Bocco's Healing Recipe Story
따뜻한 말 한마디, 토닥토닥 위로가 필요한 날 **된장국으로 만든 무청 된장국밥** * 130

Step 4 (18~24개월) 열 국민장난감 안 부러운 우리 아기 취향 저격 놀이

두뇌 발달에 좋은 다양한 무 블록 놀이 * 134
재활용품으로 여러 가지 붓 만들기 * 137
코끼리 아저씨는 코가 손이래 * 140
내 맘대로 만드는 감자 오브제 공예 * 142
찍고 먹고 그리고, 다양한 당근 놀이 * 144
조물조물 쓱싹쓱싹 오감발달 김치 놀이 * 147
알록달록 무 그림 그리기 * 150
울퉁불퉁 땅콩 껍질 놀이 * 152
높이높이 탑 쌓고 조심조심 물 따르기 * 154
찜기 받침을 이용한 아기 교구 * 156
윙윙 청소기 낚시 놀이 * 158
안녕, 난 정리하는 뱀 친구란다 * 160
오리고 찢고, 물감 색종이 붙이기 * 162
꼬꼬마 친구들과 하늘 높이 날아가는 뻥튀기 의자 * 164
냉장고 속 양상추를 재활용한 3가지 놀이 * 166

Bocco's Healing Recipe Story
새벽까지 잠 못 들어 온몸이 천근만근인 날 **감자 당근 전으로 만든 감자 토르티야 피자** * 168

Step 5
24~30개월 혼자서도 잘 놀아요!
엄마의 꿀맛 같은 휴식을 책임지는 놀이

먹물이 찌익~ 신기한 얼음 문어 * 172

자석 전단지를 이용한 낚시 놀이 * 175

물이 똑똑 떨어지는 재미있는 물시계 * 178

냠냠 휴지 밥을 먹는 컵순이 * 180

꼬물꼬물 시원한 수건 뱀 * 182

십자 블록을 활용한 3가지 놀이 * 184

뽁뽁이 칫솔로 즐기는 링 끼우기 * 186

휴지심과 빨대를 이용한 블록 놀이 * 188

종이 소책자로 자유롭게 만드는 악어 인형 * 190

자석 전단지를 이용한 여러 가지 모양 붙이기 * 193

엉금엉금 초간단 거북이 장난감 * 196

마른 빨래로 만드는 모닝 토스트와 김밥 * 198

두뇌 발달에 좋은, 젓가락으로 콩 집어넣기 * 200

들풀과 호두과자로 만드는 빵 화분 * 202

부르릉부르릉 종이테이프 찻길 따라가기 * 204

Bocco's Healing Recipe Story
지긋지긋한 둘째 스트레스로 마음이 울적한 날 비지찌개로 만든 콩비지 파스타 * 206

Step 6 30~36개월 다시는 돌아오지 않을 오늘, 함께 추억을 만드는 놀이

건강한 습관을 길러 주는 치카치카 양치 인형 * 210

만지기만 해도 기분이 좋아지는 뽁뽁이 토끼 * 213

얼기설기 거북이 실 꿰기 * 216

신통방통 다기능 우유 상자 고양이 * 218

말랑말랑 밀가루 물고기와 거북이 * 220

밀가루 눈이 폴폴, 포도송이로 만든 겨울나무 * 222

단호박씨로 물감을 버무려 데칼코마니 * 224

식당에서 지루할 때 최고, 즉석 장난감 * 226

아슬아슬 재미있는 사과 블록 놀이 * 228

물감 찍어 쿵쿵 벌레 잡기 * 230

내 마음대로 척척, 수수깡 장난감 * 232

싹둑싹둑 가위질이 즐거운 미용실 놀이 * 234

스트레스를 한 방에 날려 주는 촉감 그림 * 236

조물조물 단호박 밥 케이크 만들기 * 238

띵까띵까 칭칭 나무 도마 기타 * 240

Bocco's Healing Recipe Story
지친 하루, 저녁 한 끼쯤 외식을 하고 싶은 날 **떡갈비로 만든 아삭 양상추 버거** * 242

시작하는 글

우리 아기를 위한 맞춤 놀이,
이렇게 만들어 보세요!

 어렵기만 한 육아에 숨통을 틔워 준 베이비 놀이

아기를 낳은 기쁨도 잠시. 체력적인 한계에 육아가 너무나 힘들게 다가왔어요. 노산을 한 탓인지 체력 회복도 생각만큼 쉽게 되지 않고…. 아기가 백일이 되기 전에는 아기를 겨우 재워 둥 뒤에 두고 혼자 눈물을 쏟아 낸 밤이 얼마나 많았는지요. 이렇게 몸도 마음도 힘들다 보니 엄마라는 이름을 갖게 된 기쁨보다도 누구에게 기대고 싶은 마음이 정말 컸습니다.

이런 제가 아기와 함께 놀이를 하기 시작하게 된 이유는 의무감 때문에도, 누구에게 보여 주기 위해서도 아니었어요. 그저 24시간 아기와 붙어 있는 전업맘으로서 때로는 숨 막힐 듯 힘든 육아의 순간, 내 안에 울컥 치밀어 오르는 감정들을 지혜롭게 흘려보내기 위해 스스로 방법을 찾은 것뿐이었죠. 예전이나 지금이나 변함없는 생각 중 하나는 아기를 대하는 엄마 마음이 편안해야 아기도 편안하다는 거예요. 육아가 비록 힘들기는 하지만 엄마로서 순수하게 아기의 성장을 관찰하고 또 그 기쁨을 편안한 마음으로 마음껏 누리고 싶었어요. 그리고 실제로 아기와 함께 놀이를 하다 보니 아기가 커 가는 모습을 잘 관찰할 수 있게 됐죠. 아기가 무엇을 좋아하고 또 싫어하는지, 어떤 것에 관심을 보이고 더 경험해 보고 싶어하는지, 이 모든 것들이 비로소 조금씩 눈에 들어오기 시작했습니다. 아기가 뒤집기를 하고, 배밀이를 하고, 서서 걷기 시작하고, 말을 하기 시작하고…. 이렇게 기적으로 점철된 매 순간 순간에 온전히 집중할 수 있어 행복했습니다.

 그렇게 매일 놀아 주면 힘들지 않나요?

놀이를 블로그에 올리기 시작하면서 감사하게도 많은 분들이 관심을 가져 주시기 시작했죠. 공감이 가장 많았고, 응원과 격려도 많았어요. 그리고 질문도 많이 받았습니다. 그중 가장 많았던 것은 대략 이런 것들이었어요.

"그렇게 매일 놀아 주면 힘들지 않나요?"

"전 그렇게 놀아 줄 시간이 없어요. 바쁜 엄마는 어떡하죠?"

"우울증은 안 생기나요? 제 몸 하나 건사하기도 힘든데 놀이라니, 엄두가 안 나요."

0~3세 영아를 키우는 시기는 그 어느 때보다 엄마의 희생이 필요한 때입니다. 먹이고, 씻기고, 재우는, 아주 기본적인 것들만 제대로 해 내기도 만만치 않거든요. 아기를 돌보느라 정작 엄마 자신은 제때 먹지도 씻지도 못하는 경우가 수두룩하죠. 그러다 보니 아무리 간단한 것이라도 아기를 상대로 무언가 놀이를 해 준다는 것이 부담으로 다가오는 것이 사실이에요.

그래서 아기와 함께하는 놀이는 무엇보다도 간단해야 하고, 특별히 많은 시간이나 품이 들지 않아야 합니다. 또한 시중에 수도 없이 많은 다른 장난감들과도 차별점이 있어야 하고요. 그래서 저는 평범한 일상 속에서 '더하기 하나'를 한다고 생각했습니다. 그것은 바로 '관찰'이었습니다.

쉽고 간단한 베이비 놀이 원칙 1: 아기 행동을 관찰해요

아기 행동을 잘 관찰하면 바로 거기에서 놀이의 소재를 찾을 수 있습니다. 예를 들면 소리에 반응해 슈퍼맨 자세를 하거나, 공을 통 안에 집어넣었다 꺼냈다 한다거나, 하루 종일 자동차 바퀴를 굴린다거나, 뚜껑을 열고 또 닫는 것을 좋아한다거나 하는 식으로 아기가 유난히 좋아하고 반복해서 하는 행동이 있습니다. 그러면 그 행동을 응용해 놀이를 개발하는 것이죠. 예를 들어 공을 통 속에 넣기 좋아하는 아기라면 다양한 크기와 모양의 재료들을 입구와 크기가 제각각인 통을 준비해 넣어보게 합니다. 물놀이를 유난히 좋아하는 아기라면 목욕을 하며 갖고 놀 수 있는 놀잇감을 만들어 줍니다. 이처럼 아기가 두드러지게 반복하는 행동, 내 아기가 특히 좋아하는 바로 그것에서 세상 그 어느 곳에서도 구할 수 없는 단 하나뿐인 장난감, 내 아기를 위한 맞춤 놀이가 탄생합니다.

또 아기들은 매일 매일 달라져요. 그래서 무척 좋아하던 장난감이나 놀이를 언제 그랬냐는 듯 시큰둥하게 대하며 외면할 수도 있죠. 그러니 놀이도 아기 발달에 맞춰 변화를 주어야 하죠. 하지만 매번 완전히 새로운 것을 만들어 줄 필요는 없고 이전에 아기가 즐기던 놀이를 조금씩 발전시켜 주면 간단합니다.

예를 들어 신생아 시절, 페트병 안에 콩을 넣어 딸랑이를 만들어 주었다면 아기가 손을 움직이기 시작했을 때에는 페트병 딸랑이 끈에 매달아 공중에서 잡아보게 하고, 배밀이를 하는 시기에는 페트병 딸랑이 바닥에 굴려 잡아 보는 놀이를 해요. 또한 아기가 앉아 있기 시작하면 이를 욕조에서 물놀이를 할 때 갖고 놀 수 있는, 물에 둥둥 뜨는 장난감으로 바꾸어 주고, 서서 걷기 시작하는 시기에는 이를 벽에 매달고 나무 막대로 치며 악기 놀이를 하게 해 줄 수 있죠.

 쉽고 간단한 베이비 놀이 원칙 2: 사물의 쓰임을 조금 다르게

장난감의 재료는 최대한 간단한 것, 주위에서 구하기 쉬운 것을 사용하는 것이 좋아요. 이때 사물에 대한 고정 관념을 버리고 가능한 한 아기의 시선에서 바라보는 것이 도움이 됩니다. 예를 들어 물이나 아기 침이 엄마 옷에 묻어 색깔과 모양이 변한다면 아기의 시선에서는 그 또한 재미있는 놀이가 될 수 있어요. 얼음을 엄마 옷에 굴려 녹으면서 생기는 무늬를 관찰하게 하거나, 붓으로 물을 찍어 옷에 묻히며 놀게 하면 시간 가는 줄 몰라요.

이러한 관점에서 보자면 매일매일 수없이 넘쳐 나는 재활용품이나 일회용품들도 아주 좋은 장난감 소재가 되죠. 특히 저는 전업 주부이다 보니 주위에서 쉽게 구할 수 있고 또 쉽게 버리기도 하는 재활용품, 일회용품 그리고 자투리 요리 재료를 장난감 소재로 즐겨 사용했어요. 뽁뽁이 포장재로 토끼 인형을 만든다거나 과일 상자에 들어 있는 올록볼록한 포장재를 물감 팔레트로 활용하는 식으로요. 때로는 마트 전단지에 나와 있는 각종 식품, 생활용품 사진들을 자석 전단지에 붙여 교구로 활용한다거나, 바람이 들어 못 먹게 된 무를 잘라 블록처럼 사용하기도 했죠. 비싼 값을 치르고 산 장난감은 금방 싫증을 내는 경우가 많은데, 이처럼 재활용품을 활용해 만든 놀잇감은 경제적인 부담이 없는 것은 물론 아기의 취향에 꼭 맞는 것들이라 정말 좋았어요.

 쉽고 간단한 베이비 놀이 원칙 3: 재료 자체를 놀이로 만들어요

아기와 놀아 주는 엄마 아빠가 힘들면 놀이가 일관성 있게 지속되기 어렵죠. 그래서 놀이가 부담스럽거나 힘들다고 여겨지는 날에는 따로 놀이를 만들어 낼 생각을 하지 않고 그저 적절한 재료를 아기에게 안겨 주는 것으로 놀이를 대신했어요.

이때 아기가 입에 대어도 무방하고 촉감도 좋은 식재료가 참 만만하더라고요. 귤껍질이나 양배추를 만져 보며 촉감놀이를 하게도 하고, 채칼로 얇게 썬 무나 감자를 싱크대 문이나 냉장고에 붙여 놀게 하기도 하고요. 돌 전에는 엄마 아빠가 놀이를 주도해 주어야 하지만, 두 돌, 세 돌이 되면 어느덧 아기 스스로 자신이 좋아하는 것에 집중하고 새로운 것을 탐색하며 혼자 노는 시간이 차츰 길어져요. 그만큼 엄마의 역할이 조금씩 줄어드니 한결 몸과 마음이 가벼워지게 되죠.

놀이는 완성이나 목표가 아닌 과정이라고 생각합니다. 집에서든 밖에서든 놀이는 상황에 따라 수시로 변할 수 있고, 그 과정에서 아기는 물론 엄마 아빠의 마음도 즐거워야 해요. 그러니 아기와 놀이하는 것을 특별하고 거창한 것이라 생각하지만 않으면 더 즐겁게 놀 수 있어요.

 쉽고 간단한 베이비 놀이 원칙 4: 엄마 아빠의 관심사와 성향도 고려해요

아기도 그렇지만 엄마 아빠도 타고난 기질, 성향이 있어요. 놀이를 할 때 아기의 취향과 관심사를 우선적으로 고려하지만 그렇다고 엄마 아빠의 성향을 완전히 바꾸거나 포기할 수는 없죠. 그렇게 되면 놀이가 오래 지속될 수 없을 테니까요. 그래서 일단은 엄마와 아빠의 관심 분야에 따라 각자 자신 있는 분야를 담당하는 식으로 놀이를 시작합니다.

이를 테면 아기를 집에서 데리고 노는 것보다 외출하는 게 편하고 사람들을 만나며 아기 보는 게 편한 아빠, 아기가 좋아하는 물건을 골라 집에서 아기를 돌보는 게 편한 엄마라면 각자 조금 더 친숙하고 편안한 상황에서 놀이를 이끌어 주는 것이 좋죠. 부모의 관심사를 중심으로 아기의 놀잇거리를 찾아보고 놀이를 제안해 보세요. 많은 아기들이 엄마 아빠의 관심 분야에 흥미를 느낀답니다.

 쉽고 간단한 베이비 놀이 원칙 5: 매일매일 잘하겠다는 욕심을 줄여요

오늘, 내일, 모레 계속해서 맑음인 육아는 없지요. 어떤 날은 싱글벙글 즐겁게 웃던 아기가 또 어떤 날은 사자로 변할 때가 있어요. 그 변화무쌍함이 감당이 되지 않아 마음이 울적해지기도 하고, 주위 사람들에게 하소연하는 것만으로는 충분하지 않아 심리센터 방문을 진지하게 고려하게 될 때도 있고요. 감정을 추스르고 냉정히 문제에 대한 해결 방책을 찾아가는 것은 분명 거쳐야 할 과정이지만, 그 모든 것들을 하기 전에 엄마 아빠가 일단 마음을 좀 느긋하게 가지려 노력할 필요가 있어요. 누군가 '이게 정답이야!' 하고 이야기를 해 주면 좋겠지만 사실 육아에 모든 아기들에게 다 똑같이 적용되는 정답은 없지요. 그래서 문제 상황 앞에 일단 잠시 기다리는 여유가 그 무엇보다 필요했습니다.

원하는 것은 많지만 말로 잘 표현하지 못해 짜증을 내는 아기, 이유도 알 수 없이 '싫어'와 도리질을 계속하는 아기에게 놀이를 강요할 수 없죠. 그러니 엄마 아빠가 욕심을 버리고 여유를 가지면 아기의 기분 또한 읽어 주는 마음의 여유를 찾을 수 있었습니다.

 쉽고 간단한 베이비 놀이 원칙 6: 아기를 존중하되 안 되는 것은 분명하게

아기들을 키우다 보면 정말 많이 하게 되는 말이 바로 '안 돼'입니다. 아기가 해서는 안 되는 행동, 위험한 행동을 할 때면 어쩔 수 없이 하게 되는 말이지요. 그런데 가만히 돌이켜 보면 정말 안 되는 행동, 예를 들어 아기의 안전을 위협하거나 주위 사람들에게 피해를 주는 행동보다는 그저 귀찮아서, 뒷감당을 하기 싫어서 하지 못하게 하는 행동들도 많아요. 특히 아기가 두 돌이 다 되어 가면 행동 반경이 넓어지면서 못 하게 하는 일들이 늘어나고, 이에 따라 아기의 짜증과 분노가 폭발하는 시기가 오죠. 전에 없이 아기의 고집이 세지기도 하고, 소리를 고래고래 지르거나 문제 행동을 반복하기도 합니다.

이럴 때 제 경험으로는 일단 아기의 행동을 무조건 제지하기보다는 적당한 놀이를 통해 원하는 행동을 실컷 할 수 있도록 해 주는 방법이 가장 효과가 좋았어요. 자꾸만 물건을 집어던지는 아기에게는 공이나 던져도 되는 장난감을 만들어 주고 실컷 던지며 놀게 한다거나, 식탁이나 방에서 마실 물로 장난을 치려는 아기에게는 다양한 종류의 투명 용기에 치자나 포도 등으로 만든 과일 천연 물감으로 색색이 예쁜 액체를 준비해 주고 실컷 옮겨 담거나 쏟고 부어 보며 놀게 하는 거죠.

아기들이 문제 행동을 할 때는 관심을 받고 싶은 경우도 많은 것 같아요. 엄마 아빠가 너무 아기에게 끌려가지는 않으면서 아기에게 선택권을 주는 것도 때론 필요한 것 같아요. 물론 안 되는 것은 단호하게 안 된다고 일러 주고 엄마 아빠 혹은 양육자가 그 기준에 있어 일관성을 가져야 한다는 것, 다들 아는 이야기죠. 이처럼 실천하기는 어렵지만 노력은 해야 하는 것이 또 육아라고 생각합니다.

 놀이, 죄책감과 부담감에서 해방된 육아의 출발점

많은 육아서들을 읽다 보면 그대로 실천하지 못해 죄책감이나 부담감을 느끼게 되는 경우가 정말 많죠. 저 역시 제 경험과 놀이를 책으로 엮으면서, 부디 이 책에 나온 놀이들이 어떤 정답이 아닌, 하나의 재미있는 육아 방법의 제안이 되었으면 하는 마음이 간절합니다. 이 책에 나온 놀이들이 제게는 좋았지만 또 다른 분들에게는 맞지 않을 수도 있어요. 그럴 때에는 앞서 말씀드린 놀이 원칙들을 한 번씩 적용해 다양한 형태로 놀이를 변형해 보시고, 그래도 소용이 없다면 언제든 제게 메일을 보내 주세요. 함께 고민해 보겠습니다. 끝으로 이 책을 읽고 계신 모든 엄마 아빠들에게 응원과 격려를 보냅니다.

놀이를 시작하기 전, 반드시 알아 두세요!

1 놀잇감 재료를 일부러 사지 마세요. 책에 나온 도구나 재활용품이 없을 경우 대체할 만한 것이 없는지도 한번 생각해 보세요. 집에 있는 도구와 재활용품만으로도 재료는 충분합니다.

2 재활용품으로 만든 놀잇감은 내구성이 떨어지므로 수시로 보수 공사와 청소를 병행해 주어야 해요. 접착이 약해진 부분은 다시 붙이거나 새로 만들어 주고요, 더러워진 부분은 제균 티슈로 닦아 햇볕에 잘 말려 줍니다.

3 놀이는 안전이 최우선입니다. 특히 날카로운 모서리가 있는 부분은 둥글게 만들어 아기가 다치지 않게 해 줍니다. 다양한 상황에서 언제든 돌발 사고가 발생할 수 있으니 아기에게 놀잇감을 주기 전 안전 테스트는 필수입니다.

4 아기마다 발달의 단계가 다르고 관심을 갖는 부분도 다릅니다. 책의 권장 월령을 참고하면서 우리 아기의 발달 단계를 고려한 맞춤 놀이를 만들어 보세요.

5 아기의 눈높이는 어른의 눈높이와 달라요. 또한 아기는 계속 발달하고 바뀌어 갑니다. 아기가 엄마 품에 안겨 있을 때, 길 때, 앉을 때, 설 때 등 각각의 상황에서 아기의 관점을 고려한 놀이가 좋은 놀이입니다.

6 아기마다 놀잇감에 대한 반응이 다릅니다. 다른 아기들이 좋아한 놀잇감에 우리 아기는 큰 반응을 보이지 않을 수도 있지요. 놀잇감을 만들어 주고 그에 대한 반응을 살피면서 놀이에 지속적으로 변화를 주세요.

Step 1

0~6개월

딸랑이와 흑백 장난감부터
도전해 보는 손쉬운 놀이

　아기는 1, 2개월이 되면 울음으로 의사 표현을 하며 소리에 반응합니다. 또 옹알이를 할 수 있으며 눈을 마주칠 수 있고 고개를 돌리거나 엎드린 상태에서 고개를 들 수 있게 되죠. 이 시기 딸랑이 모빌, 초점책 등을 장난감으로 만들어 주면 좋습니다. 또한 3, 4개월이면 뒤집기를 시작하고 목을 가누기 시작합니다. 또한 다리에 힘이 생기고 무언가를 손으로 잡아당깁니다. 이 시기의 아이들은 침을 많이 흘리니 치발기 같은 장난감도 좋습니다. 5개월이 되면 배밀이를 하여 움직이고, 서서히 이유식을 시작합니다. 이 시기의 아기는 딸랑이나 당기기 놀이를 좋아하고 촉각 베개, 거울 보기, 치발기, 까꿍 놀이 등을 좋아합니다.
　일단 아기에게 재료를 쥐어 주는 것부터 시작해 보세요. 아기와 노는 것을 특별한 것이라고 생각하지만 않으면 놀이가 더 쉽고 편안해집니다.

`0~6개월`

알록달록 젖병 딸랑이

교체할 시기가 된 젖병으로 손쉽게 장난감을 만들어 볼까요?
흔히 병에 콩이나 쌀알을 넣어 딸랑이를 만들곤 하는데 여기에 휴지심,
오색 빨대와 같은 재료 몇 가지를 추가해 훨씬 더 재미있고
다양한 자극을 줄 수 있는 딸랑이를 만들 수 있답니다.
어디에서도 팔지 않는 엄마표 딸랑이로 아기의 시선을 사로잡아 보세요!

준비물

젖병, 콩, 다양한 색깔의 빨대, 휴지심, 칼, 두꺼운 종이

1 젖꼭지를 뺀 젖병과 뚜껑, 휴지심 그리고 콩이나 쌀알 같이 젖병 속에 넣을 것을 준비해 주세요. 다양한 색깔의 빨대는 작게 잘라 줍니다.

2 칼로 휴지심에 네모난 구멍을 2~3개 만들어 주세요. 구멍의 크기는 자른 빨대와 콩이 들어갈 수 있는 정도면 충분합니다.

3 젖병에 휴지심과 콩, 자른 빨대를 넣어 준 후 휴지심이 젖병 안에서 흔들리지 않게 세웁니다.

4 두꺼운 종이를 동그랗게 잘라 젖병 입구 쪽에 끼운 후 뚜껑을 닫으면 완성! 젖병 딸랑이를 흔들어 소리도 들려 주고, 굴려 주기도 해 보세요. 아기가 장난감에 흥미를 보이며 한참을 갖고 놀면 엄마의 마음도 정말 뿌듯해지죠.

tip 젖병 입구를 막을 때 종이 대신 스펀지나 뽁뽁이를 사용해도 좋습니다.

0~6개월

한여름 더위도 날리는 얼음 딸랑이

아기들이 좋아하는 얼음으로
색다른 딸랑이를 만들어 보세요.
똘순이는 울먹울먹 울음을 보이려다가도
얼음만 보면 눈이 반짝거리더군요.
얼음을 통에 넣으면 색다른 소리가 나죠.
또 얼음이 통 안에서 부서지거나 녹는 모습도
아기들 눈에는 신기하기만 해요.
무더운 여름철에 특히 좋고
돌 무렵까지 갖고 놀 수 있는
인기 만점 얼음 딸랑이입니다.

준비물

투명한 빈 통, 얼음, 빨대, 가위

1 뚜껑 있는 빈 통에 얼음을 넣어 주세요.

2 빨대를 다양한 길이로 잘라 넣습니다. 빨대 대신 색깔이 있는 과일이나 채소를 넣어도 좋아요.

3 소리가 나게 흔들며 마라카스처럼 갖고 놀거나 바닥에 굴려도 보세요. 물놀이를 할 때에는 욕조에 둥둥 띄워서 놀고, 외출할 때에는 시원한 아이스 팩 대용이 되지요.

아기가 식섭 통에 얼음과 재료를 넣어 딸랑이를 만들어 보게 해도 좋아요. 얼음 대신 아기가 좋아하는 색깔의 주스나 차를 얼린 색 얼음을 넣어 변화를 줘 보세요.

`0~6개월`

오르락내리락 공 딸랑이

볼풀 공을 활용해 만든 오르락내리락 공 딸랑이입니다.
일반적인 딸랑이보다 크지만 페트병 속 공과 콩이 서로 부딪히거나 닿으면서
소리가 나고 굴려 볼 수도 있어 아기들이 정말 좋아한답니다.
똘순이는 이 딸랑이를 처음 보자마자 만세 포즈를 취하더군요.
만드는 시간 3분이면 30일이 즐거워지는 마법의 장난감이죠.

준비물

페트병 2개, 볼풀 공 5개,
콩 약간, 투명 테이프, 가위

1 페트병 2개의 입구 부분을 잘라 낸 후

2 볼풀 공과 콩을 몇 알 집어넣습니다.

3 페트병 2개를 맞물린 후, 투명 테이프를 붙여 원통형으로 만들면 끝!

더 재미있게!

다양한 색감과 소리로 시각, 청각, 소근육,
대근육 발달 놀이로 활용할 수 있는 장난감입니다.
또한 이 공 딸랑이는 엄마와 아기가 서로
주고받는 놀이를 하기에도 좋은데요,
심하게 굴러가거나 튀지 않아서,
아직 서서 걷거나 뛸 수 없는 아기들에게 보다
안정감 있는 놀잇감이 됩니다.

`0~6개월` 간단하고 귀여운 양말 인형 딸랑이

간단하면서도 완성도가 높아 두고두고 인기가 있는 양말 인형 딸랑이입니다. 집 안에 굴러다니는 플라스틱 약통을 활용해 바느질만 약간 해 주었을 뿐인데, 아기가 작은 두 손에 꼭 쥐고 한참 동안 놓지 않더라고요. 아기 낮잠 자는 틈을 타 한번 만들어 보세요.

준비물

양말, 플라스틱 약통, 콩, 바늘, 실, 부직포, 빵끈, 가위

1 빈 플라스틱 약통을 깨끗이 씻어 말린 후 콩을 한 줌 넣어 주세요.

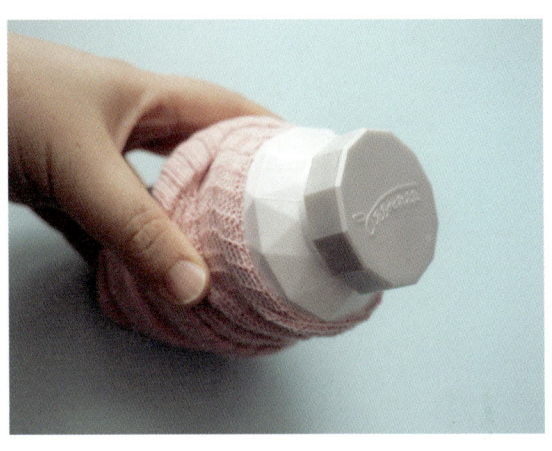

2 뚜껑을 닫고 플라스틱 약통에 깨끗한 양말을 씌웁니다.

3 끈(빵끈)으로 입구를 잘 묶어 준 후,

4 양말의 남는 부분을 뒤집어 모자 모양을 만들어 줍니다.

5 부직포로 리본과 눈알, 입을 오린 후

6 양말 인형 딸랑이에 바느질하여 붙여 줍니다.

7 모자 부분도 풀리지 않게 홈질하고 윗부분도 오므려 모양을 잡고 사진과 같이 바느질해 주세요.

 더 재미있게!

크기와 색깔별로 다양한 종류의
양말 인형 딸랑이 가족을 만들어 보세요.
통 안에 들어가는 소재를 다르게 하면
다양한 소리가 나서 더 재미있죠.
양말 인형 딸랑이 가족으로
역할 놀이를 해도 재미있어요.

0~6개월

낡은 엄마 장갑을 재활용한 꽃게 인형

아기가 태어나면 한동안 계절이 바뀌는 것도 모르게 시간이 흘러가요.
어느새 장갑이 필요한 계절이 되었나 싶어 서랍을 열었는데
낯익은 장갑이 툭 떨어지네요. 그리고 그 옆에 스포츠 타월이 들어 있던
길쭉한 플라스틱 용기가 눈에 들어오는 순간, 아이디어가 반짝합니다.
이 2가지 재료면 아기가 정말 좋아하는 꽃게 인형을 만들 수 있거든요!

준비물

털실 장갑, 쌀, 눈알, 타월 케이스, 실과 바늘, 비닐, 글루건, 고리(또는 각종 치발기)

1 타월 케이스 안에 쌀알을 넣어 줍니다. 타월 케이스 대신 안경집이나 500㎖ 페트병을 반으로 잘라 이어 붙여 써도 좋아요. 휴지심을 이용해도 되고요.

2 털실 장갑은 엄지손가락 쪽에 비닐을 넣어 입체감을 준 후

3 타월 케이스의 양 끝에 사진과 같이 끼워 줍니다.

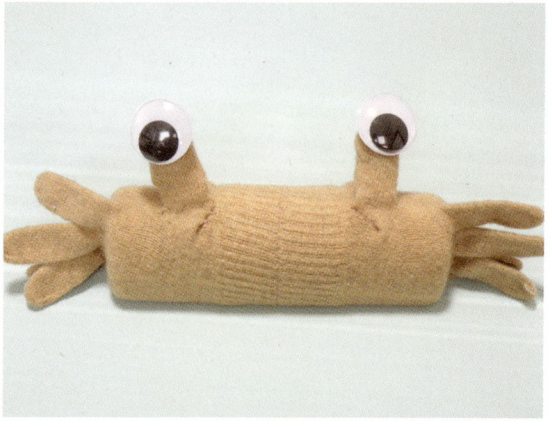

4 장갑의 엄지손가락 끝부분에 눈알을 붙여 주세요.

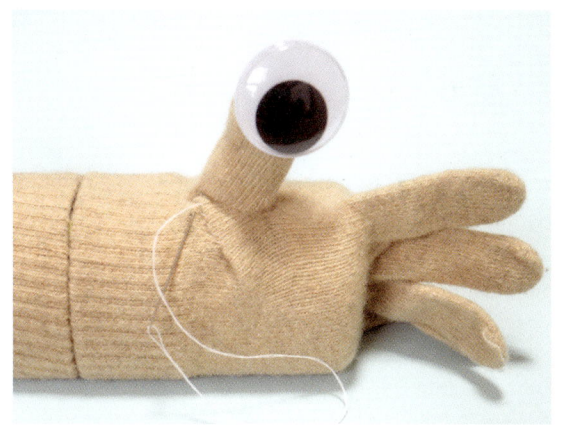

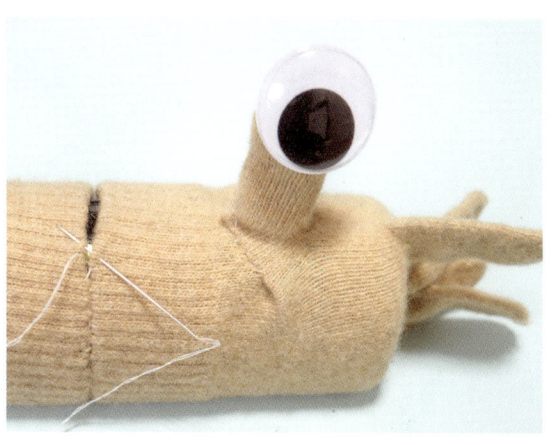

5 엄지손가락에 붙어 있는 눈이 잘 세워지도록 바늘과 실을 이용해 엄지손가락 아랫부분을 바느질해 주세요.

6 꽃게의 몸통, 장갑이 만나는 중심 부분을 바느질로 꿰매 줍니다.

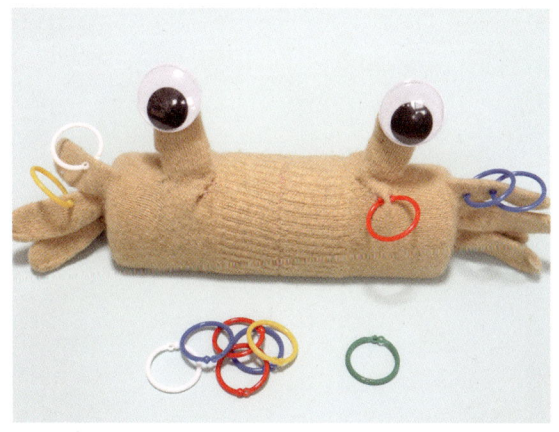

더 재미있게!

아기가 점차 자라면 꽃게가 사는 곳, 꽃게 먹이 등 꽃게 인형과 연관되는 카드 또는 아기가 흥미를 보이는 작은 장난감을 고리에 끼워 주며 놀아도 정말 좋아요. 오래오래 가지고 놀아도 질리지 않는 똘순이의 베스트 장난감이에요.

7 치발기나 알록달록한 고리 등을 장난감에 달아 아기가 꽃게 인형을 잡기 쉽게 해 주면 더욱 좋아요.

`0~6개월`

밝기에 따라 재미있게 변하는 흑백 롤 블라인드

늘 하던 대로 블라인드를 올리다가
'아, 이거다!' 싶더군요. 흑백 모빌을 대신할
근사한 장난감 아이디어가 떠올랐거든요.
아기가 있는 집이면 하나씩 있는
국민 장난감, 흑백 모빌.
특히 아직 시력이 완전히 발달하지 않은
신생아 장난감으로 인기가 많은데요.
롤 블라인드와 검정 비닐봉지만 있으면
재미있고 간편한 흑백 롤 블라인드를
손쉽게 만들 수 있어요.

준비물

검정 비닐봉지, 가위, 양면
테이프

1 검정 비닐봉지를 다양한 모양으로 잘라 봅니다.

2 모양을 내 자른 검정 비닐을 양면테이프로 블라인드에 붙이면 완성입니다. 정말 간단하죠?

3 이제 블라인드를 올렸다 내렸다 하며 빛의 세기를 조절해 보세요. 똘순이는 마치 미술 작품 감상이라도 하듯 이 장난감을 한참 동안 뚫어지게 바라보더군요.

남은 비닐은 욕실 유리나 벽에 붙여
목욕 시간에 활용해 보세요.
또 한참을 재미있게 놀 수 있습니다.

`0~6개월`
데굴데굴 굴러가는 흑백 초점 공

아기들이 공을 좋아한다는 말을 듣고 집 안을 살펴봤어요.
마침 천으로 된 축구공 하나와 축구공 모양의 비치볼이 보이네요.
이전에 사은품으로 받아서 포장도 뜯지 않고 고이 모셔 둔 것들인데요.
여기에 약간만 손을 대서 재미있는 흑백 초점 공을 만들어 볼게요!

준비물
비치볼, 검은색 절연 테이프, 가위

1 비치볼에 공기를 불어 넣어 모양을 잡아 줍니다.

2 검은색 절연 테이프를 잘라 기하학적으로 또는 자유롭게 원하는 모양으로 오려 붙이세요. 저는 뚝딱뚝딱 갖가지 도형과 꽃무늬 등을 오려 붙여 봤습니다.

3 자, 이제 똘순이와 공 주고받기 시도! 이리저리 튕겨 다니는 공을 쫓느라 엄마는 오늘 아침 운동을 땀나게 했네요.

♪♬ "공같이 둥근 머리는 하나요…."
공에 관련된 동요나 이야기를 들려 주며
더욱 신나고 재미있게
놀이를 즐겨 보세요!

`0~6개월`
꿈틀꿈틀 애벌레 장난감

장난감 만들기 재료로 즐겨 사용하는 것 중 하나가 바로 볼풀 공인데요. 색깔도 알록달록 예쁜 데다가 부드럽고 둥글어 아기가 다칠 염려도 없어서 여러모로 쓸모가 많은 재료입니다. 아기들의 시선을 한눈에 사로잡는 꿈틀꿈틀 애벌레 한 마리 만들어 볼까요?

준비물

볼풀 공 7개, 송곳, 공예용 전선(또는 고무줄), 눈알(매직, 종이, 투명 테이프), 투명한 음료수 병(폴리프로필렌 재질), 쌀 조금

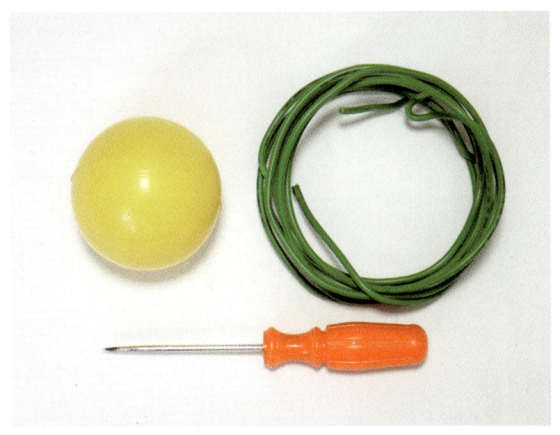

1 송곳을 이용해 볼풀 공에 구멍을 낸 후, 공예용 전선을 끼워 넣어 주세요.

2 애벌레 머리가 될 부분은 공예용 전선을 구부려 공이 빠져나오지 않게 한 후 눈, 코, 입을 만들어 붙여 주세요.

3 공예용 전선에 공을 끼워 줍니다. 공예용 전선 대신 고무줄을 이용해도 좋아요. 공예용 전선은 잘 구부러지기 때문에 애벌레 모양을 바꾸기 쉽고, 고무줄은 탄성이 있으니 잡아당기기 놀이를 하기에 좋습니다.

4 음료수 병 뚜껑에 송곳으로 구멍을 낸 후 공예용 전선을 끼워 넣은 후 이를 사진처럼 구부려 마감합니다. 그리고 병 안에 쌀을 조금 넣은 후 뚜껑을 달아 주세요. 소근육과 시각, 청각 발달에 좋은 알록달록 귀여운 애벌레 장난감이 완성되었습니다.

`0~6개월`

돌돌 말이 수건 놀이

아기가 두루마리 휴지 케이스를 이리 저리 굴려 보네요.
돌돌 굴러가는 모습이 재미있는 모양이에요.
그래서 이번엔 휴지 케이스 안에 휴지 대신 손수건을 넣어 보았죠.
휴지 대신 깨끗이 빤 손수건을 묶어 넣어 주면,
휴지를 낭비하지 않아도 되고, 아기가 입에 넣고 빨아도 안심이죠.

준비물

두루마리 휴지 케이스,
면 손수건

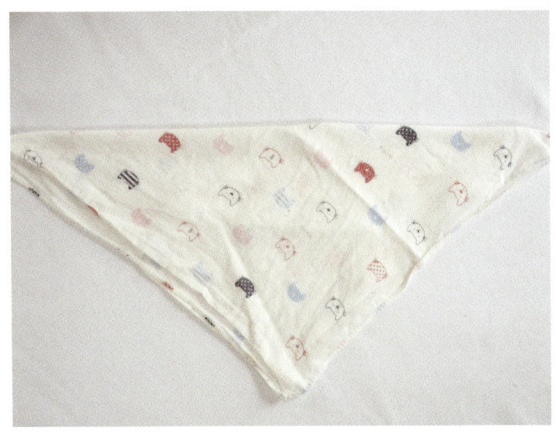

1 손수건을 반으로 접어 삼각형 모양을 만듭니다.

2 손수건 양 끝에 매듭을 지어 서로 이어 주세요. 손수건의 길이는 원하는 만큼으로 하되, 두루마리 휴지 케이스 뚜껑이 닫힐 수 있을 정도면 됩니다.

3 손수건을 말 때에는 손가락으로 중심을 잡고 사진처럼 차곡차곡 돌돌 휘감아 주세요. 다 감았을 때 두루마리 휴지처럼 중심에 좀 여유가 있어야 아기가 잡아당겼을 때 잘 풀립니다.

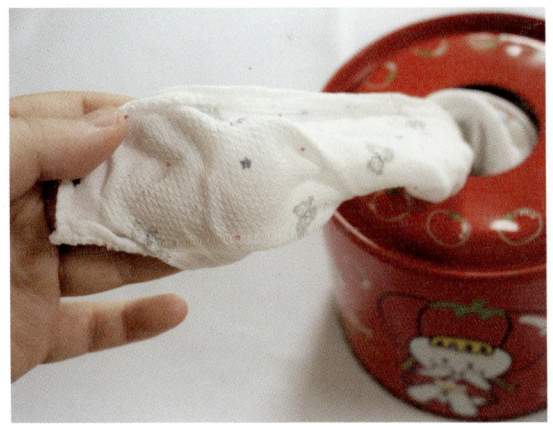

4 손수건을 휴지 케이스에 넣고 뚜껑을 닫은 후 튀어나온 손수건을 아기가 잡아당기게 해 주세요. 아기가 손수건을 잘 잡지 못하면 손수건을 아기 손에 살짝 감아 줍니다.

tip 아기가 혼자 놀다 손수건에 감길 수 있으니 반드시 보호자가 함께 놀면서 관찰하세요!

`0~6개월`

바스락바스락 옥수수껍질 치발기

말린 옥수수 껍질을 똘순이에게 주니 크게 관심을 보이네요.
바싹 마른 옥수수 껍질은 바스락바스락 소리도 크게 나고 촉감도 독특하죠.
그래서 이 옥수수 껍질을 이용해 치발기를 만들어 주었더니
손으로 확 낚아채듯 잡아당겨 바로 손과 발, 입 모두를 움직이기 시작합니다.
아, 덕분에 저는 꿀맛 같은 휴식 시간을 얻었어요.

준비물

잘 건조한 옥수수 껍질, 실과 바늘, 일회용 비닐, 아기 모자 또는 안 입는 옷

1 시골에서 옥수수를 공수해 와 한 솥 쪄 먹고 난 후 껍질과 수염을 그대로 말렸어요. 옥수수자루와 수염은 차를 우려 내는 데 쓰고, 껍질은 훌륭한 공예 재료로 사용할 수 있죠.

2 옥수수 껍질을 아기에게 보여 줍니다. 눈으로 보고 냄새도 맡고 손으로 만져 보며 옥수수 껍질과 친해집니다.

3 이제 옥수수 껍질을 일회용 비닐에 담은 후 아기 모자에 넣습니다.
tip 옥수수 껍질이 없으면 집에서 손쉽게 구할 수 있는 건조된 잎채소 또는 식재료를 이용해 보세요.

4 옥수수 껍질을 담은 비닐이 빠져나오지 않도록 홈질 또는 감침질로 입구를 막습니다.

`0~6개월`
실리콘 치발기와 손수건으로 영차 줄다리기

집에 한두 개쯤 실리콘 치발기가 있는데요.
몇 번 가지고 놀면 금세 싫증을 내거나 내팽개치기 일쑤죠.
이때 간단히 손수건을 이용해 평범한 치발기를 특별하게 만들어 보세요.
엄마와 함께 양 끝을 잡고 잡아당기며 줄다리기를 하면
아기가 정말 재미있어할 거예요.

준비물

면 손수건, 실리콘 치발기
(또는 링 모양의 플라스틱 고리)

1 실리콘 치발기와 손수건을 준비합니다. 저는 치발기를 따로 사지 않고 아기 체육관에서 떼어 왔어요. 치발기가 없다면 링 모양의 플라스틱 고리 같은 것도 좋아요.

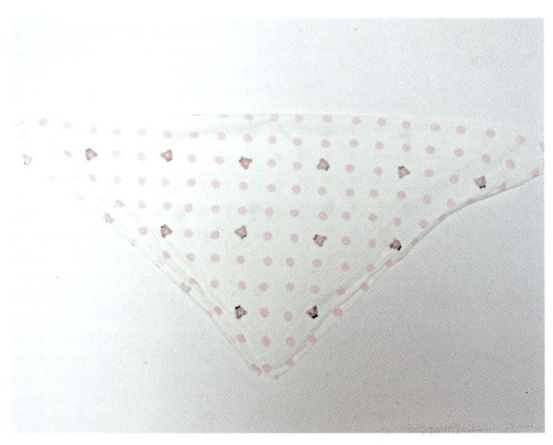

2 손수건을 삼각형 모양으로 접어 주세요.

3 손수건 양 끝에 실리콘 치발기를 묶어 줍니다. 한 번 묶어서 치발기가 빠지지 않으면 굳이 두 번 묶지 않아도 됩니다. 이때 손수건을 좀 더 길게 연결해 주는 것이 더 재미있어요.

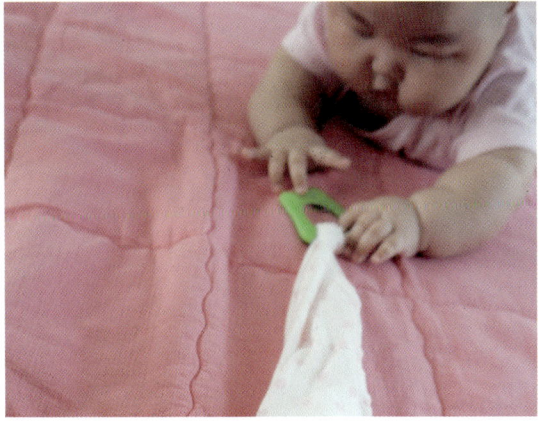

4 "잡아 봐!" 하니 말을 알아듣는지 제법 잘 잡아당기며 노네요.
엄마 "오늘은 누가 이길까? 조금씩 조금씩 당겨 보자."
힘껏 줄다리기를 하던 아기가 치발기를 놓치더니 앙 하고 울음을 터뜨리네요.

`0~6개월`
요리조리 장애물을 넘어라, 올림픽 게임

오늘따라 이곳저곳 위험한 곳만 돌아다니는 똘순이.
베란다, 세탁실, 작은방, 큰방은 물론 냉장고, 식탁 밑까지 온 집 안을
헤집고 돌아다닙니다. 이런 아기의 행동이 무척 성가신 한편
'아, 아기가 몸을 움직이고 싶어하는구나. 이젠 아기가 활발히 움직일 수 있는
환경도 만들어 줘야겠다'는 생각도 들더군요. 쿠션과 베개, 공 몇 개로
온몸을 신나게 움직일 수 있는 올림픽 게임 시작해 볼까요?

준비물

쿠션, 베개, 방석, 공 여러 개

1 쿠션과 베개, 방석 몇 개 그리고 공을 복도나 마루에 장애물처럼 놓아 줍니다.

2 자, 출발! 아기 반응이 어떤가요? 전 조금 놀랐어요. 베게며 쿠션이며 아기가 모두 몸으로 넘어가지 않을까 했는데 아니더라고요. 장해물을 피해 방향을 바꿔 몸을 움직이네요.

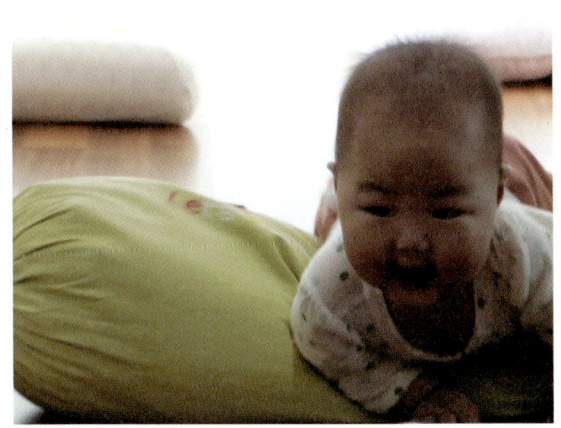

3 길쭉한 사탕 베게만 유일하게 몸으로 누르며 넘어가네요. 그리고 공을 앞으로 밀며 놀이를 계속합니다.

4 모처럼 몸을 활발히 움직여 기분이 좋아진 똘순이. 엄마도 신이 나 파이팅하며 악수합니다. "똘순아, 힘들지? 이제 그만할까?" 했는데 웬걸요. 그 후에도 다섯 번은 더 복도를 오르락내리락 하네요. 하지만 이렇게 열심히 놀아 주는 아기 모습에 한가득 보람이 느껴지네요.

0~6개월
콩이 오르락내리락, 칫솔 포장재 흑백 장난감

청소기 좀 돌리고 이것저것 집안일 좀 할까 하는 순간 어느새 뒤집고 낑낑거리며 놀아 달라는 아기. 태어나서 지금까지 유난스레 끼고 안고 있었더니, '손 탄 아기'가 되었나 봐요. 그래서인지 이 시기에는 아기가 조금이라도 혼자 놀 수 있는 장난감이 최고죠. 아기가 혼자 놀지 않아 고민이라면 칫솔 포장재 흑백 장난감을 한번 만들어 보세요.
아기도 좋아하고, 만들기도 편하고, 정말 물건입니다.

준비물

칫솔 포장재, 두꺼운 도화지나 상자, 테이프, 검은 콩, 가위

1 칫솔 포장재 뒷면을 가위로 깨끗이 떼어 냅니다.

2 두꺼운 도화지나 상자 종이를 이용해 포장재 뒷면에 덧대어 줄 종이를 만듭니다. 이때 안쪽으로 보이는 면은 검은 콩알이 잘 두드러지도록 하얀 종이를 발라 주세요.

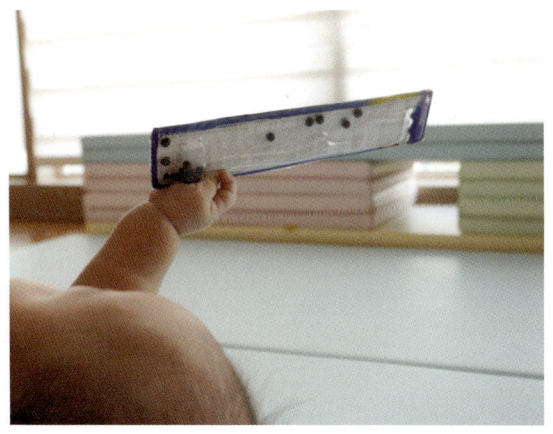

3 칫솔 포장재 안에 콩알을 넣고 **2**에서 준비한 종이 덧대어 붙여 주면 완성! 정말 간단하죠?

4 똘순이는 이 장난감을 정말 질리지도 않고 오래 가지고 놀더군요. 손으로 잡고 휘두르기도 하고 바닥에 놓고 관찰하며 콩이 굴러가는 모습을 들여다보기도 하면서요. 굴러가는 콩알을 손으로 만져 보고 싶은지 손가락을 움직이며 옹알이까지 동원하네요.

`0~6개월`

알록달록 모빌로 케이블놀이

하루하루 아기의 요구가 점점 늘어나는 이 시점,
이제 백일 전에 사둔 장난감 몇 개는 거들떠보지도 않네요.
이럴 때는 무작정 새로운 장난감을 사기보다는
기존의 장난감에 약간의 아이디어를 더해 재활용하는 것이 좋지요.
돈 한 푼 들이지 않고 아기의 발달 상태와 기호를 꼭 맞는 새로운 장난감을
만들어 보세요. 알록달록한 모빌을 활용한 이 케이블 놀이처럼 말이죠.

준비물

긴 줄(운동화 줄), 알록달록한 모빌, 펀치, 손수건

1 이렇게 생긴 모빌에서 알록달록한 장식 부분만 떼어 냈어요. 아기가 좋아하긴 했지만 설치가 너무 번거로워 별로 사용하지 않던 장난감이죠.

2 모빌에 펀치로 구멍을 뚫은 후 케이블을 끼워 줍니다. 이때 모빌이 너무 쭉 미끄러져 내려가지 않도록 적당한 두께의 케이블을 이용하세요. 그래야 아기가 종이 모빌이 내려가는 모습을 천천히 관찰할 수 있거든요.

아기 반대편 높은 곳에서 케이블을 잡고
모빌을 톡톡 건드려 살짝 살짝 내려 보내세요.
바닥에 케이블을 길게 펴 놓고
뱀처럼 흔들흔들 움직여 보기도 하고,
모빌 그림에 관한 이야기를 해 주어도 좋죠.
힘을 줘서 케이블을 당기거나
뱅글뱅글 돌리며 놀아도 재미있답니다.

3 케이블 끝에 손수건을 묶어 아기가 손으로 잡기 쉽게 고리 형태로 만들어 주세요. 아기가 손수건을 잘 잡지 못하면 손수건을 아기 손목에 묶어 주는 것도 방법이에요.

`0~6개월`

싸르륵 우르륵 투명 컵 곡물 시계

테이크 아웃 커피를 즐기는 탓에 일회용 컵이 쌓이기 시작하네요. 버리기 아깝다고 모아 두면 한정 없이 쌓이는 이 일회용품을 이용해 아기를 위한 재미있는 곡물 시계를 만들어 보았습니다.

준비물

검은 콩(쌀, 팥 등 각종 곡물), 호박씨, 일회용 투명 컵 2개, 뚜껑 1개, 투명 테이프

1 잘 말린 호박씨를 준비합니다. 이유식으로 단호박 죽을 만들 때 호박씨를 보관해 두었다가 잘 말려서 쓰면 좋아요.

2 사진과 같이 투명 테이프에 호박씨를 꽃 모양으로 붙인 후 투명 컵 안쪽 면에 붙입니다. 이렇게 컵 안에 3~4개쯤 호박씨 꽃무늬를 만들어 주세요. 같은 방법으로 투명 컵 1개를 더 호박씨로 꾸밉니다.

3 컵 뚜껑으로 곡물이 잘 빠져나갈 수 있도록 구멍을 3군데 더 뚫어 주세요. 컵 하나에 콩이나 쌀, 팥 등의 곡물을 넣고 컵 뚜껑을 투명 테이프로 붙인 후, 그 위에 나머지 컵 입구를 맞물리게 붙여 역시 투명 테이프로 고정합니다.

4 두세 종류의 다양한 곡물 시계를 만들어 보세요. 쌀을 넣어 주면 싸르륵 하는 소리가 나고 콩을 넣어 주면 우르륵 하고 좀 더 큰 소리가 나지요. 똘순이는 곡물 시계 소리를 듣고는 바로 비행 자세를 취하고 양손을 쭉 펴네요. 이 자세는 언제까지 할까요?

수유와 이유식이 버겁고 힘든 날
미음으로 만든
쌀미음 라떼

    아기가 백일이 되기 전에는 뒤돌아서면 돌아오는 밭은 수유 간격으로 정말 힘들죠. 무엇보다도 밤중 수유로 잠을 제대로 자지 못해 몸은 늘 천근만근. 몇 달이라도 먼저 태어난 아기들을 보면 왜 그리 부럽던지요. 이유식을 시작하면 그만큼 수유를 덜 해도 되어 한결 수월해질 줄 알았는데, 수유는 수유대로 이유식은 이유식대로 해야 하니 오히려 배로 힘들더군요. 생각해 보면 당연한 일이죠. 모유나 분유를 먹던 아기가 돌아서서 금세 이유식에 적응하는 게 아니니까요. 하지만 몸은 힘들어도 이유식과 간식 등 아기가 먹을 식재료와 조리법에 대한 관심이 많아지는 것이 또 엄마 마음인가 봅니다.

    쌀미음은 많이 만들어 두면 맛이 없더라고요. 그래서 두 끼 정도 먹일 수 있는 분량을 이유식 용기에 담은 후 남은 미음은 항상 제 차지가 됩니다. 물처럼 흐물흐물, 이 맛도 저 맛도 아닌 쌀미음을 조금이라도 더 맛있게 먹어 보려고 여러 시도를 해 보았어요. 짭짤한 밑반찬과 같이 먹어 보기도 하고, 소스처럼 빵에 찍어 먹기도 하고요. 그중 가장 좋았던 것은 카페에서 먹는 브런치 메뉴처럼 미음으로 달콤한 라떼를 만들어 먹는 것이었어요. 일단 쌀미음, 우유, 올리고당, 계핏가루를 준비합니다. 그리고 데운 우유와 미음, 올리고당을 넣고 거품이 생기고 걸쭉한 상태가 될 때까지 믹서에 2~3번 갈아 주세요. 컵에 담은 후 따뜻하게 데우면 거품이 더 풍성해지고 그 위에 계핏가루를 뿌리면 향긋하면서 달콤하고 속까지 든든한 쌀미음 라떼가 완성됩니다.

　잠시지만 창가에 앉아 쌀미음 라떼를 마시며 읽고 싶었던 책을 펼쳐 봅니다. 이 시기쯤이면 아기 낮잠 자는 시간이 거의 일정해지지요. 똘순이는 거의 10시에서 12시까지 낮잠을 자곤 하는데 그 시간을 틈타 밀린 집안일도 하고 차도 마시는 호사를 누립니다. 이미 해병대 전우 못지않은 동지애가 형성된 또래 엄마들과 메시지를 주고받으며 수다도 떨고요. 물론 대화 내용은 예방주사, 좋은 병원, 아기 발달, 이유식 등 처음부터 끝까지 오로지 아기 이야기뿐이죠. 하지만 이렇게 바쁜 육아 중에도 잠시의 여유를 누릴 수 있는 것만으로도 위로가 되고 감사한 마음이 가득해지곤 합니다.

Step

6~12개월

2

재활용품과 식재료만 있으면 끝나는 초간단 놀이

　아기는 7~8개월이 되면 기어 다니기 시작하며, 젖니가 나고 차츰 스스로 앉기 시작해요. 낯선 사람을 보면 낯가림을 하며 울음을 터뜨리기도 하죠. 양손을 사용해 무언가를 만지기 시작하고 조금씩 말귀를 알아듣기 시작해요. 이 시기에 아기는 벨크로 테이프를 이용해 무언가를 붙였다가 떼는 놀이, 욕조에 앉아 즐기는 물놀이로 유쾌한 시간을 보낼 수 있죠. 상자나 통에 물건을 넣고 꺼내는 놀이도 무척 좋아합니다.

　9~10개월이 되면 숟가락을 사용하기 시작해요. 또한 소파 등 주변의 물체를 잡고 일어서기 시작하고 걷기 연습을 시도해요. 이때 공놀이나 엄마 행동 따라 하기 놀이, 다양한 재료를 이용해 만든 악기 놀이를 하면 재미있어요.

　11~12개월이 된 아기는 슬슬 균형을 삽으며 걸을 수 있게 됩니다. 한두 단어씩 말을 따라 하기 시작하고 알아듣기도 해요. 형체가 명확하지는 않지만 무언가를 그리는 시도를 해 볼 수 있어요. 이 시기에는 모양 맞추기 놀이, 스케치북에 무언가를 찍어 바르거나 그리는 놀이, 영유아용 그네 타기 놀이도 좋아합니다.

6~12개월
대롱대롱 오징어 다리 잡기

실 잡고 노는 것을 너무 좋아하는 똘순이.
이젠 아주 작은 물체도 잘 잡아서,
과자와 실을 장난감 재료로 이용해 봤답니다.
과자를 실에 꿰어 오징어 다리를 만들고
오징어 몸통은 종이로 만드는 것인데요,
오징어 몸통 만들기가 번거롭다면
그냥 종이에 실에 펜 과자만
매달아 줘도 좋아요.

준비물

쌀과자, 바늘, 두꺼운 실, 흰색 종이 가방(또는 두꺼운 종이), 가위, 검정 펜, 벨크로(또는 테이프)

 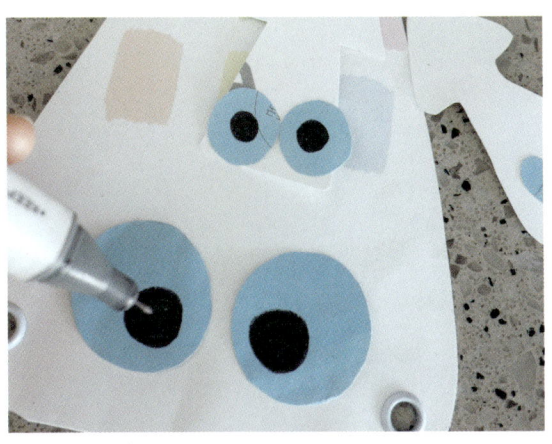

1 바늘에 실을 꿴 후, 쌀과자를 하나하나씩 엮어 주세요.

2 도톰한 종이 가방을 오징어 모양으로 오려 낸 후 동그란 눈알을 만들어 붙입니다(펜으로 그려도 좋아요).

3 쌀과자를 엮은 실을 오징어 모양 종이에 테이프로 붙입니다.

tip 과자 외에 다양한 재질의 천이나 끈을 오징어 몸통에 매달면 촉감놀이를 할 수 있어요!

4 벽과 오징어에 각각 벨크로를 사진과 같이 붙이고 오징어를 벽에 붙여 주세요. 똘순이는 두 손으로 오징어 다리를 쭉쭉 잡아당겨 크고 작은 쌀과자를 야무지게 입에 넣네요.

`6~12개월`
찍찍 벨크로 장난감 상자

아, 아기를 키우다 보니 이런 날도 오네요.
조용히 엄마 발밑에서 혼자 노는 아기라니.
이 찍찍 벨크로 장난감 상자는 만드는 데 약간 시간이 걸렸지만
아기가 정말 정말 좋아해서 온종일 가지고 노네요.
게다가 거실을 어지럽히기 일쑤인 여러 장난감들을 넣는
정리 상자도 되니 일석이조랍니다.

준비물

빈 상자, 신문지, 딱풀, 투명 테이프, 투명 시트지, 종이, 펜, 벨크로, 색감이 있는 두꺼운 재활용 종이, 전단지 책자, 펀치, 벨크로가 붙은 작은 장난감들, 가위

1 딱풀을 이용해 상자 겉면에 신문지를 붙입니다.

2 안 쓰는 종이 쇼핑백이나 색감이 있는 두꺼운 재활용 종이를 네모, 세모, 동그라미 등 원하는 모양으로 오린 후 그중 몇 개만 상자에 붙입니다.

3 상자의 각진 모서리 부분은 펜대 같은 것으로 살짝 두들겨 둥글게 마무리해 주세요. 그리고 상자 전체를 투명 시트지나 투명 테이프로 코팅해 주면 내구성이 높아집니다.

4 2에서 모양을 붙인 부분 위에 사진과 같이 벨크로를 붙입니다. **2**에서 남은 도형은 접었다 펴서 주름과 입체감을 만들어 준 후 투명 테이프를 앞뒤로 붙여 코팅하고 벨크로를 붙여 줍니다. 그러면 아기가 이것을 상자에 붙였다 뗐다 하며 놀 수 있어요.

5 상자의 크기에 맞게 눈알을 만들어 투명 테이프로 앞뒤를 코팅한 후 뒷면에 벨크로를 붙입니다.

6 상자에 **4**에서 만든 접은 색지 종이와 눈알을 붙이면 찍찍 벨크로 장난감 상자가 완성됩니다.

7 벨크로가 붙어 있는 장난감을 상자에 붙이며 놀 수도 있어요. 물론 상자 안에 장난감을 넣어 정리할 수 있으니 장난감도 되고 정리함도 되는 만능 상자입니다.

이 찍찍 벨크로 장난감 상자는
똘순이가 9개월이 다 되어 갈 때 쯤
만들어 주었는데 이후 두 돌이 다 되어서도
계속해서 가지고 놀았어요.
아무리 가지고 놀아도 질리지 않고,
아기가 커 감에 따라 그 활용 방법도
달라지는 마법의 장난감이에요.

6~12개월
엄마표 만능 러닝 박스

이제 똘순이가 조금씩 무언가를 짚고 일어서기 시작했어요.
한동안은 잡고 일어서기만 하고 다시 앉는 것은 못 하더니,
이제는 무언가를 잡고 밀면서 걸음마도 하고
어설프게 엉덩방아를 찧으면서 앉네요.
어떤 장난감이 좋을까 생각하다가 대근육, 소근육 발달을 모두 돕고
다양한 기능으로 활용할 수 있는 엄마표 만능 러닝 박스를 만들어 봤어요.

준비물

큰 상자, 신문지, 풀, 투명 시트지, 칼, 페트병, 휴지심, 색종이(또는 색깔 있는 재활용지), 투명 테이프, 벨크로, 가위, 콩(또는 쌀알)

 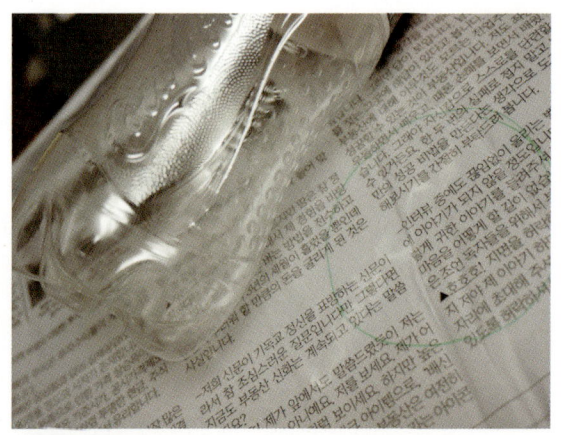

1 이번에는 기저귀 택배 상자를 활용하기로 했어요. 튼튼하고 골판지가 두꺼워서 마음에 쏙 들었거든요. 일단 상자 표면에 풀로 신문지를 붙여 줍니다.

2 그 위에 투명 시트지를 붙여 코팅해 주세요. 상자에 신문지와 투명 시트지 붙이는 작업을 생략하고 바로 다음 단계로 넘어가도 괜찮아요. 하지만 이렇게 해 주면 장난감의 내구성과 완성도가 더 높아진답니다.

3 펜을 이용해 상자 표면에 작은 페트병과 휴지심 등 준비한 재료가 들어갈 수 있는 크기의 구멍을 군데군데 자유롭게 그려 준 후 칼로 도려냅니다.

tip 페트병이나 휴지심이 상자의 구멍에 너무 쉽게 들어가게 하기보다는 약간 뻑뻑하게 들어가게 하는 것이 좋아요.

4 구멍에 들어갈 페트병과 휴지심을 색종이와 테이프, 눈알을 이용해 꾸민 후 구멍에 끼워 줍니다. 페트병 안에 콩이나 쌀을 넣어 소리가 나게 해 주어도 재미있겠죠?

5 상자 크기에 맞춰 눈알을 만들어 붙여 준 후 완성된 러닝 박스입니다. 아, 우리 똘순이가 얼마나 좋아할지 몹시 궁금해지네요!

6 새벽같이 일어난 똘순이, 장난감을 보자마자 상자를 잡고 일어서 보기도 하고 콩 딸랑이 페트병도 딸랑딸랑 흔들어 보며 신나게 러닝 박스를 구경합니다. 이렇게 엄마의 생각과 아기의 반응이 꼭 맞아 떨어질 때 정말 뿌듯하죠.

7 러닝 박스 안에 책을 넣으니 우리 아기만을 위한 작은 도서관이 탄생했네요!

8 책을 넣어 준 후 뚜껑을 닫으면 걸음마를 시작하는 아기가 잡고 일어서도 괜찮을 정도로 안정감이 생깁니다. 러닝 박스 안에 작은 인형을 넣었다 뺐다 하며 놀 수도 있지요. 미니 도서관, 러닝 테이블, 장난감 상자, 도형 끼우기 등 정말 활용도가 높은 만능 상자랍니다.

6~12개월
식탁을 활용한 주렁주렁 벨크로 모빌

식탁 밑에서 놀기를 좋아하는 똘순이. 집에서 즐겨 갖고 노는 장난감에 붙어 있는 벨크로와 여기에 잘 달라붙는 쇼핑백 끈을 활용해 아늑하고 재미있는 아기 맞춤 장난감을 완성해 보세요.

준비물

식탁, 종이 쇼핑백에 달린 끈, 벨크로가 붙어 있는 장난감, 벨크로, 치발기(또는 딸랑이 등 작은 장난감), 유성펜

1 종이 쇼핑백에 붙어 있는 끈을 여러 개 모아 길게 이어 줍니다.

2 빈 재활용 컵에 사진처럼 구멍을 뚫고 쇼핑백 끈을 통과시키면 팔다리가 있는 인형이 되죠. 컵을 뒤집어 펜으로 눈을 그려 준 후 윗부분에 벨크로를 붙여도 재미있어요.

3 이미 벨크로가 붙어 있는 장난감을 활용해도 좋고 딸랑이, 공, 작은 장난감 등 원하는 것에 벨크로를 붙여 준비해도 좋습니다.

4 긴 쇼핑백 끈에 준비된 재료들을 붙인 후 식탁 밑에 주렁주렁 매달아 줍니다. 물론 상황과 장소에 따라 재료를 달리해 주면 그때마다 전혀 색다른 장난감으로 바뀌겠지요?

`6~12개월`

티 테이블로 손쉽게 완성하는 아기 텐트

아기 텐트 많이들 구입하시지요?
티 테이블로 사용하려고 창가 쪽에 둔 테이블이
거의 똘순이 전용 아지트로 사용 되는 바람에
아예 이 테이블로 아기 텐트를 만들었습니다.
만들고 나면 집 한 채 장만한 듯 뿌듯해지는,
엄마표 아기 텐트. 한번 시도해 보세요.

준비물

티 테이블(또는 식탁), 뽁뽁이, 테이프, 얇은 이불 3장, 좌식 의자, 긴 고무줄(또는 끈)

1 낮에는 전망 좋고, 블라인드를 열면 바깥도 구경할 수 있는, 통유리에 식탁 밑 이곳은 똘순이의 아지트랍니다.

2 딱딱한 식탁 다리에 뽁뽁이를 감고 테이프로 고정해 푹신하게 만들어 줍니다. 그러면 아기가 부딪혀도 비교적 안전해요.

3 얇은 이불 3장을 사진처럼 포개어 텐트의 형태로 모양을 잡아 주세요.
엄마 "똘순아, 오늘은 똘순이 집이 생기는 날이야."
이불만 덮어 놨는데도 너무 신난 똘순이.

4 이불 양쪽을 커튼처럼 모양을 잘 잡아 묶어 줍니다.

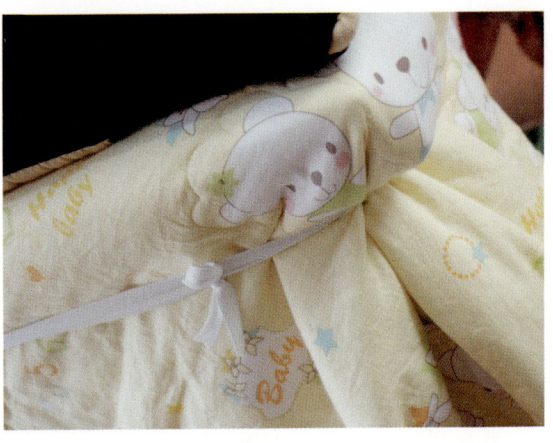

5 좌식 의자는 텐트의 포인트인 지붕으로 활용할 거예요. 지붕 밑에는 아기가 좋아하는 장난감과 책도 넣어 주고요.

6 마지막으로 텐트 뒤쪽으로 이불을 반듯하게 잡아당긴 후, 고무줄로 묶어 이불을 흐트러지지 않게 고정해 줍니다.

7 텐트 아래쪽에도 아기가 좋아하는 장난감을 넣어 꾸미면 드디어 완성! 보기만 해도 정말 뿌듯하네요.

똘순이는 텐트를 만드는 내내 엄마 주변을
뱅뱅 돌고, 이것저것 참견을 하고….
덕분에 엄마 손이 더 바빠지긴 했지만
똘순이만의 공간이 제대로 탄생했네요.
식탁 텐트의 장점은 만들기 쉬우면서
튼튼하고 완성도가 높다는 것.
아기가 좋아하는 공간에 아기 텐트를 만들어 보세요.

6~12개월
찍찍 쪼르르 신나는 물놀이 친구들

유난히도 물을 좋아하는 똘순이.
목욕할 때 물놀이 친구들이 있으면 목욕 시간이 더 재미있겠죠?
재료를 손쉽게 구할 수 있는 페트병과 뚜껑 있는 캔
그리고 플라스틱 컵 하나만 있으면
아기의 물놀이가 곱절은 더 즐거워져요!

준비물

뚜껑 있는 캔, 양손잡이 컵, 페트병(500㎖), 송곳, 투명 테이프, 종이, 매직펜

1 뚜껑 있는 캔, 양손잡이 컵, 페트병을 깨끗이 씻어 준비해 주세요.

2 페트병은 사선으로 잘라 줍니다. 나중에 아기 물 바가지로 만들 거예요.

주의 페트병의 잘린 면이 날카롭지 않은지 잘 살펴보세요.

3 종이와 매직펜으로 눈알을 만든 후 캔과 컵에 테이프로 붙여 주세요.

4 물이 찍 나가도록 캔의 눈 아래쪽에 송곳으로 구멍을 2개 뚫어 주세요.

5 캔 바닥에도 구멍을 하나 뚫어 놓습니다.

주의 구멍을 뚫을 때 캔이 날카롭게 찌그러지지 않도록 조심하세요. 캔 뚜껑 부분도 날카로운 부분이 있지 않은지 잘 확인합니다.

6 양손 컵은 손잡이 밑에 구멍을 뚫어 줍니다.

tip 두꺼운 플라스틱은 송곳을 불에 달궈 뚫으면 쉽습니다.

7 자, 물놀이가 잘 되는지 한번 테스트해 볼게요. 물이 쪼르르르, 여기 저기 튀어 나가네요.

8 손에 쥐어 줄 때는 물론 욕조에 띄워 주니 더 좋아하는 물놀이 장난감들. 이젠 스스로 만지며 놀고 싶은지 '엄마 내가 할게요', '저 주세요'라고 하는 표정 같아요.

6~12개월
다양하게 즐기는 사과 탐색 놀이

장난감을 만들 때 가장 중요한 것은 바로 아기의 안전이죠. 이런 면에서 가지고 놀면서 또 먹을 수도 있는 식재료 만큼 좋은 것이 또 있을까요? 오늘도 아기와 놀 거리를 고민하던 중 냉장고에 들어 있는 사과가 눈에 들어오네요. 오늘은 사과로 여러 가지 재미있는 탐색 놀이를 해 봐요.

준비물

사과, 플라스틱 하드 스틱 (또는 플라스틱 포크), 종이, 펜, 테이프

1 나 잡아 봐라: 사과에 눈알을 붙여 표정을 더해 준 후 아기 매트 안에 넣어 줍니다. 이후 매트를 조금씩 움직여 주면 아기와 사과가 같이 흔들흔들. 아기가 조금씩 굴러가는 사과를 잡아 볼 수 있게 해 주세요.

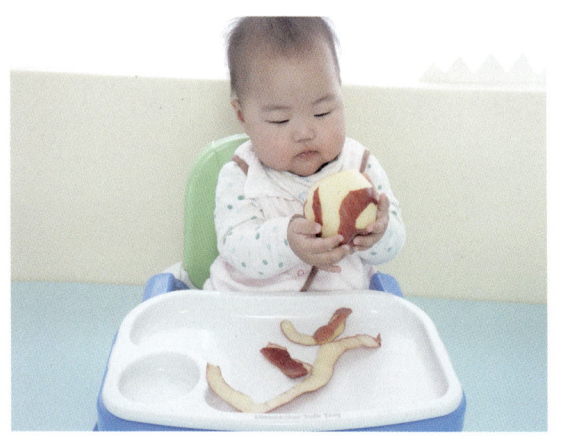

2 사과야, 너는 무슨 색이니?: 중간 중간 붉은 껍질을 남기며 사과를 돌려 깎습니다. 아기가 사과 껍질을 만지고 색을 관찰하며 촉감도 느끼게 해 줍니다.

3 사과는 달콤해요: 이제 아기가 사과 맛을 볼 수 있게 해 줍니다.

엄마 "엄마가 우리 똘순이 먹을 수 있게 사과를 잘라 볼게요. 사과는 달콤해, 사과는 시원해."

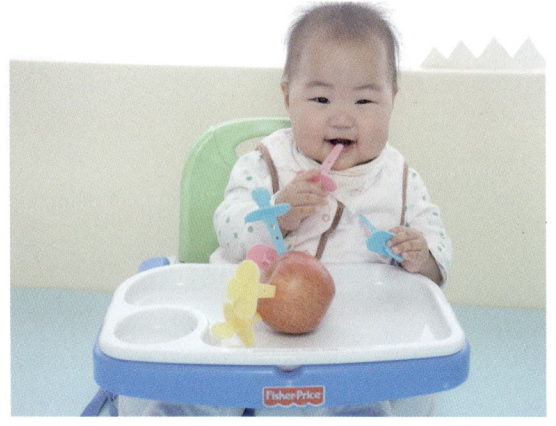

4 사과에 하드 스틱을 꽂아요: 사과에 하드 스틱을 꽂아 준 후 아기가 이를 만지거나 빼면서 놀 수 있게 해 주세요. 아기는 이 과정에서 소근육을 사용해 힘을 조절하는 방법을 익힐 수 있습니다.

6~12개월
엄마 옷으로 재미있게 놀아요, 후드 점퍼 놀이

짬뽕보꼬의 사계절 교복, 면 후드 점퍼.
회색을 좋아해서 두께별로 3개나 있을 정도로 이 점퍼를 좋아한답니다.
집에서도 가끔씩 걸치곤 하는데, 이 옷을 입을 때면 똘순이가 다가와
장난감 다루듯 옷을 잡아당기며 놀려고 해요.
그래서 결심했습니다. 엄마 옷을 활용해 본격적으로 놀아 주기로요!

준비물

후드 면 점퍼(또는 아기가 좋아하는 엄마 옷)

1 누가 누가 이길까 : 후드 점퍼에 끼워져 있는 끈을 한쪽은 엄마, 한쪽은 아기가 잡아요.
<엄마> "으랏차차, 누가 누가 이기나! 한번 해볼까?"
아기의 힘에 맞춰 엄마도 끈을 당기며 놀아요.

2 꼭꼭 숨어라, 머리카락 보일라 : 아기가 모자를 눌러 쓰니 눈이 가리네요. 엄마가 모자를 움직여 아기 눈을 가렸다 보였다 하면서 숨바꼭질 놀이를 해 보세요. 까르륵 웃음보가 터질 거예요.

3 영차 영차 줄다리기 : 엄마와 아기가 서로 옷자락을 당기며 줄다리기 시합을 해 보아요.
<엄마> (아기 목소리로) "엄마, 제가 힘이 더 세요. 엄마, 더 세게 당기세요."
아기의 행동을 중계하듯 말해 주어도 재미있습니다.
<엄마> "어, 똘순이가 옷을 세게 당겼네? 손이 높이 올라갔네?"

4 씽씽 썰매를 타요 : 아기 머리와 등이 닿는 부분을 옷으로 잘 받쳐 바닥에 눕힌 후 썰매처럼 끌어 줍니다.
<엄마> "공주님, 썰매 탈 시간이 옵니다."
(아기 목소리로) "김 기사, 출발해, 어섯!"
"네네네~ 출발합니다. 똘순 공주님."

`6~12개월`

전자파 걱정이 필요없는 그림 휴대전화 딸랑이

휴대전화를 사용할 때면
아기가 유난히 관심을 가지며 다가와요.
고민 끝에 휴대전화 케이스로
장난감을 만들어 주기로 했어요.
두께나 모양이 실제 휴대전화와 가까워서
장난감 만들기엔 아주 그만이지요.

준비물

휴대 전화 케이스, 팥, 매직 펜, 투명 테이프

1 휴대전화 케이스입니다. 실제 휴대전화처럼 그림이 인쇄되어 있어 아주 좋네요.

2 케이스 뚜껑을 열고 매직펜으로 사과나무를 그려 줍니다.

3 케이스 안에 팥을 넣고 뚜껑을 닫은 후 테이프로 붙입니다. 케이스를 흔들면 소리가 나면서 팥알이 굴러가고 케이스를 세우면 팥이 사과나무의 흙이 되네요.

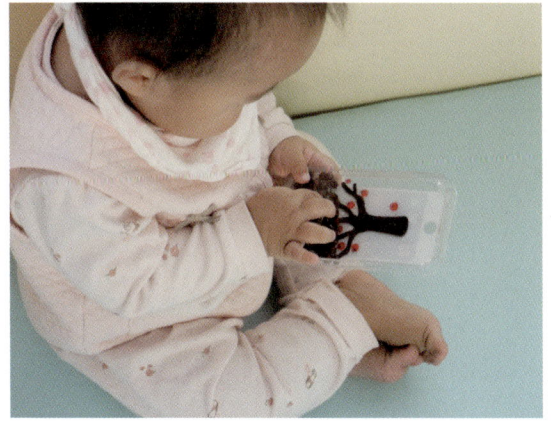

4 찰찰찰 흔들어도 보고 케이스 안에 그림도 보고…. 보면 볼수록 마음에 쏙 드는 똘순이 전용 휴대전화입니다.

6~12개월

울룩불룩 콩뱀 촉각 인형

조물조물 만지면 싸르락싸르락하는 소리가 참 정겹게 느껴지는 콩 주머니. 동짓날 기념으로 똘순이에게 팥죽 대신 팥을 넣은 촉각 인형을 만들어 줬어요. 만들기도 쉽고 모양도 예뻐서 아기들이 정말 좋아하는 매력 만점 인형이랍니다.

준비물
팥, 스타킹(또는 양말), 실, 바늘, 부직포, 가위

1 스타킹에 팥을 넣은 후 끝부분에 매듭을 지어 주세요.

2 끈이나 두꺼운 실로 스타킹 중간 중간을 묶어 울룩불룩 모양을 내 주세요. 아나콘다 뱀이 큰 먹이를 먹은 듯 귤껍질이나 과일 모양 공을 넣어도 재미있네요.

3 부직포를 잘라 눈알을 만든 후 바늘과 실로 눈알을 붙여 주세요. 검은색 부직포를 잘라 혀도 만들어 줍니다. 초간단 콩뱀 촉각 인형이 완성되었어요.

4 엄마 "쭉쭉, 콩뱀이 늘어나네. 뱀이 길어지네. 자, 여기 컵 속에 뱀을 넣어 보자. 커다란 뱀이 꾸불꾸불…. 꼬깃꼬깃한 작은 컵 안에도 쏙 들어가네."
(가방 속에 뱀을 넣고) "똘순님, 전 여기가 좋아요. 가방 속이 따뜻해요."
엄마의 이야기에 깔깔 하고 터지는 아기 웃음소리, 들리시나요?

`6~12개월`

아빠와 함께하는 색깔맞추기 놀이

새로산 볼풀 공을 가지고 아빠와 함께 노는 똘순이가 예쁘네요.
빨강, 노랑, 초록, 파랑, 볼풀 공 색깔에 맞춰
똑같은 색 찾기 놀잇감을 만들어요.
"똘순이는 노란 공을 좋아하는구나. 아빠는 초록 공."
아빠와 함께 상자 위에 볼풀 공을 올려 보고
통통통 떼구르르 굴려도 보세요.

준비물

빈 상자, 볼풀 공, 색종이, 풀, 가위, 투명 테이프(또는 투명 시트지)

1 비누가 담겨 있던 상자를 활용합니다. 일단 상자 뚜껑은 빼 주세요. 그리고 색종이를 색깔별로 (빨강, 노랑, 파랑, 초록) 동그랗게 오려 줍니다.

2 동그랗게 오린 색종이를 상자 칸마다 붙인 후, 상자 전체를 투명 시트지나 투명 테이프로 코팅하듯이 붙여 줍니다.

tip 시트지 작업은 내구성을 높이기 위한 과정입니다. 번거롭다면 이 작업은 생략해도 좋아요.

3 상자 위에 색종이 색과 같은 볼풀 공을 올려 주면 색깔 맞추기 놀이 교구가 간단하게 완성됩니다.

4 상자와 공을 이용한 초간단 교구, 아기가 시간 가는 줄 모르고 노네요.

6~12개월

신나는 신문지 놀이와
바스락 바스락 이불 촉각 놀이

아기랑 노는 데 꼭 완성된 장난감이
있어야 하는 건 아니죠.
일단 재료를 가지고 실컷 놀고,
또 그것으로 더 발전된 장난감을 만들면,
시작부터 끝까지 모든 과정이
재미있는 놀이가 됩니다. 지금 시작하는
신문지 놀이와 이불 촉각 놀이에서
아기와 쉽게 노는 방법을 찾아 보세요.

준비물

지퍼 달린 이불 커버, 팥,
신문지

1 일단 신문지로 자유롭게 찢기 놀이부터 할까요? 청소 걱정은 일단 접어 두고 엄마랑 같이 사정없이 신문지를 찢는 놀이에 열중해 봐요.

2 신문이 쑹쑹 날려 보기. 길쭉하게 잘라 보기. 찢어진 신문지를 머리에 쏙, 까꿍 놀이 하기. 찢은 신문지를 손으로 눌러 뭉치고, 비비고, 획획 날려 보기.
엄마 "하늘에서 신문지 비가 내려요!"

 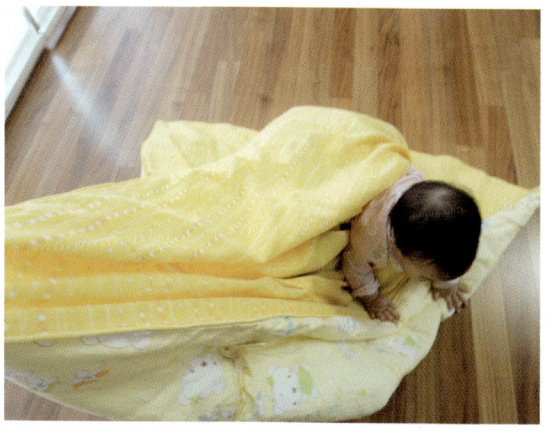

3 자, 이제 실컷 가지고 논 신문지를 이불 커버 속에 집어넣어 보세요. 신문지 외에 팥도 넣어 보고요.

4 소리 나는 이불을 손으로 잡아도 보고, 뭉쳐도 보고, 앉아도 보고…. 바스락바스락 재미있는 이불 덕분에 썰매 놀이와 까꿍 놀이가 두 배는 더 재미있어졌어요.

`6~12개월`

또록 또로록 쭉쭉 튜브 마라카스 물총

마요네즈나 케첩 튜브 통을 잘 씻어 뒀다가
장난감으로 활용하면 꽤 유용해요.
말랑거리는 얇은 튜브통은 페트병보다
다루기가 쉽고, 누르면 변형되었다가
다시 원래대로 돌아오는지라
마라카스나 물놀이 장난감 재료로 손색 없지요.

준비물

마요네즈(또는 케첩) 튜브 통, 콩, 종이, 펜, 테이프

1 튜브 통은 중성세제로 속까지 잘 닦아 깨끗하게 씻은 후 말려 줍니다.

2 눈알을 그려 붙인 후 튜브 통 속에 콩을 넣고 뚜껑을 닫습니다. 흔들면 콩콩, 찰찰, 소리 나는 신나는 마라카스.

3 만드는 몇 분을 못 기다리고 당장 만져 보고 싶다며 울고불고 한 똘순이. 튜브 마라카스로 바가지나 다른 용기를 두드려도 색다른 소리가 납니다.

4 튜브 마라카스는 물놀이용으로도 좋아요. 뚜껑을 열고 물을 빨아들였다가 거꾸로 세우면 또록 또로록 물이 나와요. 또 세게 누르면 쭉쭉 물이 나오니 아기들이 좋아할 수밖에요.

`6~12개월`
냠냠 맛있는 과일 케이크 만들기

제과점에 갈 때면 냉장고 진열대에 있는
알록달록 예쁜 모양의 케이크들이 시선을 끌죠.
오늘은 모양이라도 비슷하게 만든
과일 케이크를 아기에게 선물해 보려고 해요.
딸기랑 귤은 돌 이후에 먹는 과일이니
아기에게 알레르기 반응이 없는지 살핀 후
토핑으로 사용하세요.

준비물

쌀, 물, 믹서, 플라스틱 그릇, 쌀 튀밥, 토핑용 과일 약간(딸기 또는 귤)

1 밥과 뜨거운 물 약간을 믹서에 넣고 걸쭉하게 갈면 쌀 튀밥을 그릇에 붙여 줄 천연 접착제, 쌀미음 풀이 완성됩니다.

2 플라스틱 그릇을 엎어 놓고 그 위에 수저로 쌀미음 풀을 칠한 후 쌀 튀밥을 그릇에 붙입니다. 과일 케이크의 기본 틀이 완성되었죠?

3 딸기는 꼭지를 제거하고 세로로 썰어 주세요. 귤은 먹기 좋게 손질해 모양을 내고요. 이렇게 토핑을 올리면 짜잔~ 과일 케이크 만들기 완성입니다!

tip 일반적으로 돌 전 아기에게는 사과, 배, 감 정도가 안전하니 아기가 좋아하는 과일로 다양한 토핑을 만들어 보세요. 딸기와 귤은 알레르기를 잘 일으키는 과일이니 이 점 참고하세요.

4 요즘 분유를 거의 먹지 않으면서 간식 양이 부쩍 는 똘순이. 오물딱쪼물딱 케이크를 손으로 잡고 야무지게 잘도 먹네요. 순식간에 과일 토핑이 사라졌어요. 똘순아, 좀 더 크면 엄마랑 같이 케이크를 만들어 보자!

6~12개월
블록으로 얼굴 모양맞추기

얼마 전 사 둔 블록을 몇개 꺼내 주었더니
똘순이가 곧잘 가지고 노네요.
쌓기보다 주로 1~2개 끼워서 올리고
다시 빼고 하는 놀이를 반복하는데,
혼자 웃고 박수도 치며 즐거워해요.
아기가 자꾸 물건을 쌓아 올리거나
뚜껑을 잡고 열고 닫기를 반복하면
블록을 사 주기에 딱 알맞은 시기입니다.
그럼 블록과 상자를 이용해
얼굴 모양 맞추기 놀이를 해 볼까요?

준비물
블록, 상자, 투명 테이프,
흰색 시트지, 칼

1 큰 상자 전체에 시트지를 붙입니다. 이 작업이 번거로우면 뚜껑 부분에만 시트지를 붙여도 괜찮습니다.

2 얼굴 모양에 맞게 준비한 블록을 상자 위에 대고 눈, 코, 입 모양으로 밑그림을 그린 후 칼로 도려 냅니다. 저는 구멍 1개짜리 블록 2개와 구멍 2개짜리 블록 1개, 구멍 4개짜리 블록 1개를 사용했어요.

3 이게 완성된 모양이에요. 구멍은 블록이 쉽게 끼워지지 않도록, 너무 빡빡하지 않을 정도로만 뚫어 주는 것이 좋아요.

4 상자를 여러 개 이용해 표정을 다르게 만들어도 좋아요. 표정이 아닌 사물이나 숫자 등을 표현하며 좀 더 다양한 놀이를 시도해 보세요.

tip 상자를 눕히면 블록 끼우기가 쉽고 상자를 세우면 블록 끼우기가 어려워져요. 아기의 수준에 맞게 난이도를 조절해 보세요.

느긋한 식사, 나만을 위한 밥 한 끼가 절실한 날
채소진밥으로 만든 카레 리소토

"빨리 먹고 나가요."

언제부턴가 식당에만 가면 이 말을 자주 하게 되었어요. 아기가 돌이 되기 전에는 함께 외식하는 것이 007 작전을 방불케 하죠. 함께 먹으려고 공들여 싸온 이유식을 아기가 어디 얌전히 먹어 주던가요. 앙증맞은 손으로 밥숟가락 들고 식탁을 치고, 주위에 신기한 사물들을 보며 몸을 들썩이기 일쑤죠. 갑자기 크게 옹알이까지 하면 슬슬 주변 손님들 눈치도 보이기 시작합니다. 아기 컨디션이 안 좋고 울음이라도 시작하면 하는 수 없이 숟가락을 내려놓고 도망치듯 음식점에서 나오게 됩니다.

아기가 태어나고 난 후부터는 이렇게 음식의 맛을 음미하기보다는 그냥 급하게 시간에 쫓기듯 먹게 되니 이제 집밥을 먹을 때가 마음이 더 편해지네요. 그래도 오늘처럼 외식이 그리운 날에는 아기 주려고 끓인 채소진밥 남은 것으로 카레 리소토를 만들어 봅니다. 정통 리소토 조리법은 아니지만 남은 이유식과 냉장고 속 자투리 재료를 처치해 주고, 무엇보다도 외식 못지않은 근사한 맛으로 힘을 불끈 솟아나게 해 주는 고마운 요리입니다.

재료는 간단해요. 아기가 먹다 남긴 채소진밥 1그릇, 우유 50㎖, 카레가루 1/2 큰술, 다진 햄 1큰술, 칵테일 새우 4~5개, 치즈 가루, 파슬리 가루 약간을 준비합니다. 햄과 새우살은 반드시 들어가야 하는 재료가 아니고요. 오징어살, 닭가슴살, 피망 등 냉장고 속에 있는 재료를 활용하면 좋습니다.

일단 밥에 물을 붓고 애호박, 당근, 양파, 계란, 참기름 한 방울, 국간장 약간을 넣어 뭉근히 끓여 아기 채소진밥을 만듭니다. 늘 아침마다 아기가 먹다 남긴 것을 먹게 되는데 오늘은 이 채소진밥에 우유를 부어 슬슬 저어 주며 끓였어요. 그다음 카레 가루 1/2큰술을 섞어 주고 보글보글 끓기 시작하면 다진 햄과 칵테일 새우를 넣어 완전히 익힙니다.

채소진밥으로 만드는 리소토는 오래 끓일 필요가 없어요. 적당히 되직해지면 불을 끄고 그릇에 담아, 치즈 가루와 파슬리 가루를 뿌리면 완성이죠. 카레 향과 치즈 가루가 어우러져 얼마나 좋은 향이 나는지 몰라요.

밥도 제대로 챙겨먹지 못하는 이 고된 육아 여정이 언제 끝일지 알 수 없지만, 그래도 나를 위한 밥 한 끼로 힘을 냅니다. 엄마가 행복해야 아기도 행복하다는 단순한 진리도 실천을 해야 내 것이 될 테니까요.

Step 3
12~18개월

몸도 마음도 쑥쑥 자라는
아기를 위한 IQ EQ 놀이

13~15개월이 되면 아기는 앉아 있다가 스스로 일어설 줄 알게 됩니다. 손을 이용한 소근육 놀이를 익숙하게 할 줄 알게 되어 작은 물체를 손으로 집거나 통에 넣는 놀이를 좋아해요.

16~18개월이 되면 걷기가 자연스러워지고 어금니가 납니다. 생활 속에서 움직임이 많은 놀이나 야외 놀이가 한결 즐거워지는 시기죠. 또한 2개 이상의 단어를 이어서 말하기 시작하고, 조금씩 의사 표현이 분명해지고 떼쓰기도 시작됩니다. 이 시기의 아기는 탐색 욕구와 자기주장이 점점 더 명확해짐에 따라 독립적인 인격체로 거듭나는 과정을 거치는데 부모가 자기주장을 제지할 때에는 이것이 떼쓰기로 나타납니다. 이때 놀이를 아기가 자기주장을 할 수 있는 도구로 사용하면 참 좋습니다. 이 외에도 이 시기의 아기는 블록 쌓기 놀이나 그림책, 각종 낱말 책, 전화기 놀이, 장난감 정리 놀이를 재미있어합니다.

12~18개월
수성펜으로 만드는 물티슈 붕어

요즘 유난히 볼펜, 색연필을 좋아하는 아기.
똘순이가 한동안 벽에 그림을
그리려고 해서 애먹었어요.
또 하루는 책장을 넘기며 쓱쓱 그어 보고
다시 넘기며 놀더라고요.
결국 작은 책 하나가 똘순이 스케치북이 되었죠.
아기들은 하지 못하게 하는 일을
더 하고 싶어 하기에 오늘은
아기가 좋아하는 것으로
제대로 놀아 보기로 했어요.

준비물
물티슈, 수성펜, 색연필, 빵끈, 눈알, 볼풀 공(소), 딱풀

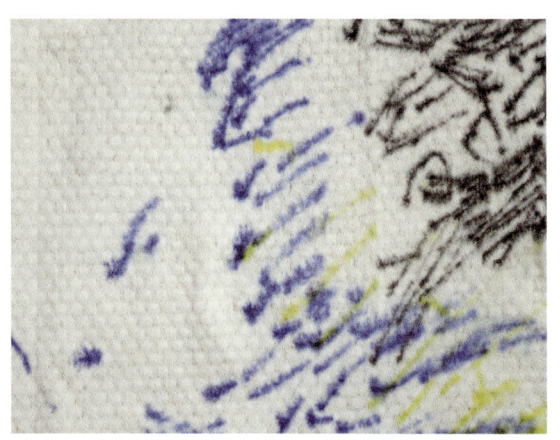

1 촉촉한 물티슈와 수성펜을 준비합니다. 이때 색깔이나 굵기 등 다양한 종류의 펜을 준비하면 더 재미있어요.

tip 수성펜이 아기 입에 들어가지 않게 조심하세요.

2 수성펜이 물티슈에 닿으면 서서히 색이 번져요. 이 과정에서 다른 색들과 섞여서 새로운 색이 나타나기도 하구요.

tip 아기가 펜 뚜껑 여닫는 것을 스스로 할 수 있도록 도와주세요.

3 왼손, 오른손으로 번갈아 그려 보고 양손으로도 그려 봅니다. 물티슈에 펜을 콕콕콕 두들겨도 봅니다. 진지한 똘순이, 작업 모드예요. 조용~

4 물티슈 그림이 완성되면, 그대로 빨래 건조대에 널어 주세요. 물티슈에 잉크가 서서히 번지면서 마른답니다.

5 물티슈 그림이 마르면 그것으로 작은 사이즈의 볼 풀 공을 감싸고

6 빵끈으로 묶어 줍니다.

7 펜으로 눈알을 그린 후 오려서 딱풀로 붙이고요.

8 꼬리 부분은 손으로 잡아당겨 모양을 잡아 주세요.

물티슈 붕어를 여러 개 만들어 줄로 엮어서
천장에 매달면 모빌로 활용할 수도 있어요.

`12~18개월`
둥둥 물고기 페트병 배와 에어캡 낱말 책

이전에 만든 물놀이 장난감들이 망가져
물고기 페트병 배를 만들었습니다.
이 장난감은 물 위에서는 물론 물속에서 물고기처럼 갖고 놀고
때로는 물을 퍼 나르는 물그릇으로 활용할 수도 있지요.
백일 전 목욕시킬 때에는 너무 여리고 작은 아기라 늘 초긴장이었는데
지금은 저렇게 스스로 앉아 노는 모습이 참 대견하네요.

준비물

페트병 배 : 페트병 2개, 빨대 1개, 테이프, 종이, 펜, 색깔이 있는 두꺼운 비닐

에어캡 낱말 책 : 에어캡, 전단지, 테이프, 가위, 유성매직

1 만드는 방법은 너무 간단합니다. 일단 페트병 2개를 겹쳐 테이프로 감아 주고요.

2 그다음 빨대 윗부분에 비닐 돛대를 오려 붙여 주세요. 이때 비닐은 좀 질기고 두꺼운 것이 좋은데 페트병에 붙어 있던 포장 라벨을 이용하니 안성맞춤이네요.

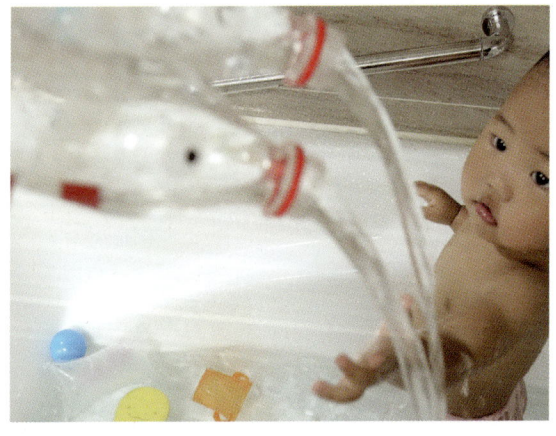

3 페트병 양 옆에 길쭉한 네모 모양으로 비닐을 잘라 지느러미를 만들어 붙이고 눈을 만들어 붙여 주면 뚜껑이 꼭 물고기 입 같죠. 이렇게 물고기 페트병 배가 완성되었어요.

4 페트병 뚜껑을 닫은 채로 물 위에 놓으면 둥둥 떠서 아기가 가지고 놀기 좋습니다. 또 뚜껑을 열어서 물속에 넣으면 꼬르륵 하며 페트병 속에 물이 들어가 재미있죠. 물속에서 페트병 배를 손으로 잡고 휘휘 저어 가며 놀아 보세요.

5 페트병 물고기와 함께할 수 있는 놀이를 하나 더 소개합니다. 바로 에어캡 낱말책이에요. 인터넷으로 책을 주문하면 배송 상자에 흔히 들어 있는 에어캡 그리고 전단지를 준비해 주세요.

6 전단지에는 다양한 사물들의 사진이 들어 있죠. 모양을 따라 가위로 오려 줍니다.

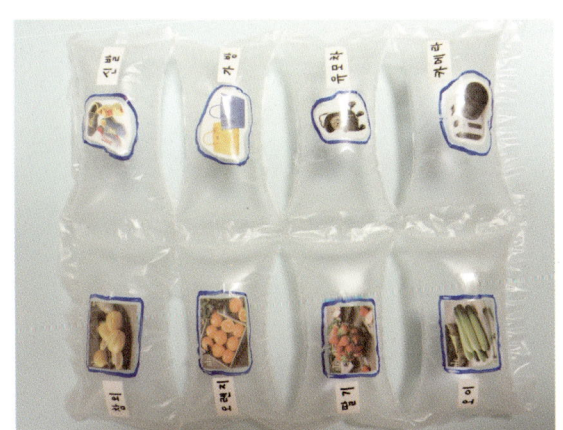

7 매직펜으로 사진의 테두리를 그려 준 후 사진 앞뒤로 투명 테이프를 코팅하듯 바르고 에어캡 위에 붙여 줍니다. 글자를 함께 써서 붙여도 좋아요.

tip 아기가 자주 접하는 사물 위주로 혹은 가나다순으로 단어를 정해서 붙여 보아도 좋아요.

8 유성펜으로 아기가 좋아하는 동물 그림을 에어캡 위에 그려 줘도 재미있어요.

12~18개월
미끌미끌미역으로 오감발달놀이

아기 낳은 후 선물로 들어온 미역이 집에 한 상자.
조리원에서 너무 열심히 먹었던 탓인지
집에서는 도통 쳐다보기도 싫더라고요.
몇 끼 먹지도 못하고 그냥 둔 마른 미역을 그냥 두기 아까워
오늘은 미역을 이용한 오감발달놀이를 해 봅니다.

준비물

미역, 물, 큰 비닐, 바가지,
빨래판, 나무 막대, 집게,
옷걸이

1 물놀이를 하기엔 욕실이 제격이죠. 이때 바닥에 비닐을 깔면 청소하기 좋아요. 일단 아직 물을 묻히지 않은 건미역을 손으로 만져 보고, 집게로 집어 다른 그릇으로 옮겨도 보게 해 주세요.

2 자, 이제 자른 미역을 대야에 담고 샤워기로 물을 뿌려 줍니다. 까슬까슬했던 마른 미역이 점점 흐물흐물해지며 불기 시작하네요. 아기가 나무 막대로 젖은 미역을 휘휘 돌리며 놉니다.

3 젖은 미역을 떼어 내 옷걸이에 걸어 보고 바가지나 타일 벽에 붙여도 보세요. 미역으로 원하는 모양을 만들어도 좋지만 그냥 척척 붙이며 놀아도 재미있어요. 미역 놀이에 아기가 완전히 몰두하네요. 너무 진지해서 말 붙이기가 어려울 정도로요.

4 미역이 완전히 불면 미역 빨래 놀이를 해 보세요. 미역을 빨래판에 올려 나무막대로 두들겨 보고 또 물에 헹구어 봅니다.

🅣🅘🅟 물에 불린 미역은 많이 미끄럽습니다. 미역 놀이를 할 때에는 반드시 아기를 지켜보세요.

12~18개월
찰랑찰랑 오징어 머리빗

아기들은 뭐든지 따라 하죠.
매일 머리를 감은 후 빗질을 해 주었더니
이젠 머리빗도 놀잇감이 되었네요.
집에 있는 일회용 플라스틱 포크를 활용해
오징어 모양의 빗을 만들어 주었어요.
덕분에 주말에는 머리숱 많은 아빠가
똘순이 손님이 되었죠.

준비물

일회용 포크 2개, 종이 쇼핑백, 가위, 테이프, 사인펜, 종이, 딱풀

1 종이 쇼핑백을 사진과 같이 적당히 잘라서, 그 위에 일회용 플라스틱 포크 2개를 나란히 놓고 테이프로 고정해 줍니다.

2 종이에 오징어 눈알을 그려 만든 후 딱풀로 붙입니다.

3 그림과 같이 삼각형 모양으로 종이 쇼핑백을 잘라 오징어 머리 부분도 만들어 붙여 줍니다.

4 테이프로 오징어 머리를 몸통에 붙이면 오징어 머리빗 완성입니다.

🟣엄마 "찰랑찰랑, 똘순님 머릿결이 참 좋으시네요."

`12~18개월`

달콤 향긋한 요구르트 그림 그리기

똘순이가 아침밥을 든든하게 먹고 난 후 즐겨 먹는 후식, 요구르트.
그런데 때로는 아기가 요구르트를 먹는 것보다
조물조물 가지고 노는 것을 더 좋아하더라고요.
그래서 아예 상 위에 검은 도화지를 깔아 주고 요구르트도 올려 줬어요.
매일매일 상 위에 그림을 그리는 똘순이가 오늘은 어떤 작품을 그릴까요?

준비물

요구르트, 검은 도화지, 작은 숟가락

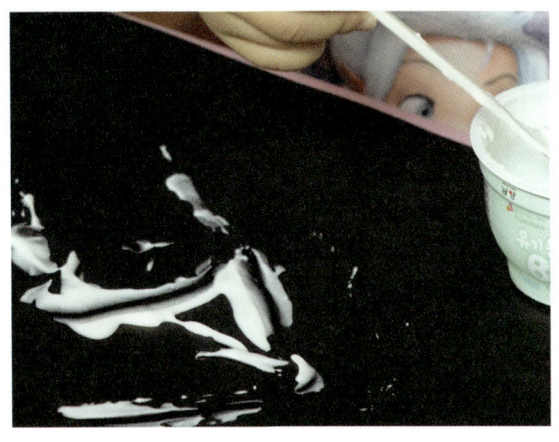 

1 상 위에 검은 도화지가 움직이지 않도록 테이프로 붙여 줍니다. 그다음 요구르트와 숟가락만 쥐어 주면 됩니다.

2 자, 똘순이가 마음껏 그림을 그리기 시작합니다. 콕콕, 점 찍기 놀이를 해 봅시다. 콕콕 콕콕콕 점 찍어 보자, 콕콕콕… 하얀 점을 찍어 보자.

3 손으로 요구르트를 찍어도 보고 쓱쓱 문질러도 보고…. 이젠 작품 하나 나올 것 같네요.

4 성난 꽃게 같기도 하고 부리가 큰 새가 날아 가려는 모습 같기도 한 아기 그림. '무엇을 그렸니?'라고 물어보고 싶네요. 이렇게 손으로 만져도 안심이 되는 식재료들은 아기 촉각 놀이를 하기에 안성맞춤이에요.

12~18개월

보글보글 뚝딱뚝딱 주방놀이

친구네 집 휘황찬란한 주방 놀이 세트를 본 똘순이 눈이 휘둥그레.
이걸 사 줄까 말까 잠시 고민하다가 간단하게 만들어 보았습니다.
비싼 장난감보다 정교함이 조금 떨어지기는 하지만
실제 요리 도구나 장난감 채소를 활용하니 꽤 그럴싸하네요.
아기가 아빠하고 놀이터에 간 사이 후다닥 만들어 놓았더니
집에 도착하자마자 두 부녀가 와~ 하면서 환호성을 지르네요.

준비물

큰 박스, 문구용 칼, 볼펜, 일회용 컵, 냄비, 빵칼, 플라스틱 도마, 소꿉놀이(야채, 생선, 과일 모양 장난감)

1 박스는 튼튼한 것으로 준비합니다. 주걱 등 주방용품을 꽂아 둘 일회용 컵과 냄비 올릴 곳의 위치를 정한 후 컵과 냄비의 바닥을 박스에 대고 볼펜으로 원을 그립니다.

2 냄비와 일회용 컵이 박스에 걸쳐질 수 있도록 박스를 칼로 도려 냅니다.

3 이후 도마, 냄비, 컵에 수저, 뒤집개 등을 꽂아 꾸며 주세요. 소꿉놀이를 더해 주방 분위기를 연출해 주면 완성됩니다.

4 이 놀잇감은 역할 놀이를 하기에 딱이네요.
엄마 "보글보글 맛있는 찌개. 야, 맛있겠다. 호호 불어서 먹자. 한 입, 두 입, 후루룩 쩝쩝."
아빠 "오렌지를 썰어 보자. 오렌지 찌개를 만들자."

12~18개월
멋쟁이 아기를 위한 장난감 가방, 에그백

여자 아기라 그런지 유난히 가방을 좋아해요.
자주 버려지는 달걀 포장재를 활용해
엄마의 사랑과 정성이 듬뿍 들어간
가방을 만들어 주었습니다.
외출하려고 하면 이 에그백부터 챙기는
똑순이 모습이 정말 사랑스러워요.

준비물

달걀 포장재, 끈, 색종이,
딱풀, 가위

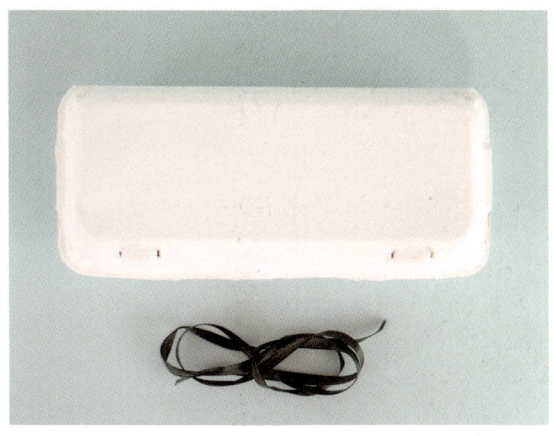

1 달걀 포장재를 제균 티슈로 잘 닦아 말리고 위에 붙여진 포장 라벨을 뜯어 주세요. 그리고 긴 끈을 준비합니다.

2 달걀 포장재 뚜껑을 열고 그림과 같이 양쪽 끝부분에 끈을 통과시켜 매듭을 짓습니다.

3 동그랗게 색종이를 잘라 뚜껑에 알록달록 붙여 줍니다. 끈 길이는 안에서 매듭짓기로 조절할 수 있어요. 토트백, 숄더백, 크로스백 다 가능하답니다.

4 사진처럼 에그백 2개를 이어 붙여도 예뻐요. 수납 공간이 더 넓어져 기다란 색연필이나 작은 장난감 정도는 충분히 들어가죠. 여자 아기들에게 인기 만점입니다.

12~18개월

일필휘지, 한석봉도 울고가는 파뿌리 붓

어릴 적 엄마가 요리하실 때면 집 앞 텃밭에서
파, 오이, 토마토, 가지, 상추, 옥수수 등 채소를 뽑아 오곤 했어요.
어릴 적 기억을 되살려 파뿌리 붓을 만들어 보았는데
뿌리 가닥 하나하나가 선이 되어 엉키고 뭉치는 느낌이 조화롭네요.
시중에 파는 붓이나 손으로 그린 그림과는 또 다른 느낌이 들어 재미있어요.

준비물

대파, 물감, 도화지, 빵칼, 나무젓가락

1 신문지 깔아 놓고 파 다듬을 준비를 합니다.

2 똘순이가 어디서 봤는지 파 다듬는 시늉을 해요. 빵칼을 쥐여 주니 쓱싹쓱싹 파도 잘라 봅니다. 엄마가 파 다듬는 동안 똘순이는 파 썰기 놀이에 열중합니다.

3 파 뿌리 쪽으로 줄기 부분을 조금 남겨 두고 잘라 붓털을 만듭니다. 그리고 파의 줄기 부분에 나무젓가락을 끼워 붓대를 만듭니다.

4 욕실로 장소를 이동했어요. 상 위에 도화지를 올리고 물감을 접시에 담아 줍니다. 아기는 파 뿌리 붓으로 물감을 찍어 벽과 도화지에 마음껏 그림을 그립니다. 붓으로 그리는 것과는 느낌이 완전히 다르니 무척 재미있어하네요.

12~18개월
친환경 숯 물감을 이용한 욕실 수건 놀이

목욕할 때 마다 욕조 바닥 타일을 자꾸 만지는 똘순이.
'아, 여기서 놀고 싶어 하는구나' 하는 생각이 들더라고요.
고민 끝에 엄마표 물감 제조에 들어갔어요.
물놀이를 하면서 물감을 마음껏 칠할 수 있고 욕실 바닥이 미끄러워지지 않는,
그러면서도 색이 진해 물이 묻어도 흐려지지 않는
천연 물감을 고민한 끝에 결국 숯 물감이 탄생했어요.

준비물
숯가루(식용), 밀가루, 물, 토마토, 붓, 밝은 색 수건 (버려도 되는 것)

1 숯가루에 물을 탄 후 밀가루를 섞어 줍니다. 이렇게 하면 약간 되직하면서 포스터물감의 느낌이 나거든요. 취향에 따라 밀가루 섞는 과정은 생략해도 됩니다.

2 욕실 바닥에 수건을 깔아 주세요. 숯 물감이 잘 보이도록 되도록 밝은 색상이 좋습니다. 수건은 도화지 역할도 하면서 아기가 욕실 바닥에서 일어나 움직일 때 미끄러지는 것을 방지해 줍니다.

tip 욕실에서는 미끄러지는 사고가 일어나기 쉬우니 항상 주의하세요.

3 다양한 도구를 준비해 숯 물감을 찍어 보세요. 붓은 물론 보풀 공, 블록, 집에서 먹다 남은 과일 등 다양한 재료를 활용할 수 있어요.

4 아기가 원하는 대로 욕실 수건 놀이를 시작해 보세요. 물감 뿌리기, 붓으로 그림 그리기, 장난감으로 물감 찍기, 조물조물 손으로 토마토 으깨기…. 놀이가 너무 재미있어 욕실에서 나오려 하지 않는 것이 함정이네요.

12~18개월

말랑말랑 쫄깃쫄깃 밀가루 놀이

찬장을 정리하다가 밀가루 봉지가 바닥에 떨어지며 터져 버렸어요. 마침 이 광경을 보고 격하게 좋아하는 똘순이. 아마도 아기는 엄마가 또 재미있는 놀이를 시작하는 줄 알았나 봐요. 다시 밀가루 봉지를 집어넣으면 아기가 울며불며 매달릴 것이 뻔한 난감한 상황. 흠, 이왕 터져 버린 밀가루이니, 또 한번 실컷 놀아 보기로 합니다.

준비물

밀가루 0.5~1kg, 넓은 비닐, 병, 그릇, 빨대, 숟가락

1 밀가루 놀이를 위해 욕실 바닥에 넓은 비닐을 깔아 자리를 마련합니다.

2 밀가루와 컵, 그릇 같은 도구들을 준비해 주세요.

3 밀가루를 보자마자 숟가락으로 병에 담아 옮기기 바쁜 똘순이. 바닥에 뿌려진 밀가루로 쓱쓱 손가락 그림을 그려도 재미있네요. 그렇게 한참을 밀가루 담기 놀이에 집중하더니 이제는 빨대를 밀가루에 꽂기도 하고 맛도 보며 놉니다.

4 밀가루 놀이에 반죽 놀이가 빠질 수 없지요. 밀가루 반죽에 식용유를 약간 넣으면 손에 많이 달라붙지 않아 좋습니다.

🟠 엄마 "말랑말랑 쭉쭉, 잡아당기면 밀가루 반죽이 늘어나요."

🟢 tip 밀가루 놀이 후 아기 옷에 묻은 밀가루는 찬물로 한번 손빨래하고 물에 담가 놨다가 헹궈 주세요. 뜨거운 물로 빨면 밀가루가 익으며 천에 엉겨 붙으니 조심하세요!

12~18개월

고운 색감으로 시선을 사로잡는 천연 물감 놀이

물감 놀이를 좋아하는 똘순이.
하지만 아직 어려서 그런지 물감을
맛보고 싶어 하는 경우도 종종 있죠.
그래서 먹을 수 있는 물감 제조에 들어갔어요.
냉장고 속 자투리 재료들을 모아 후다닥 만든
물감이지만 만들기도 정말 간단하고
안전하기까지 하니 대만족입니다.

준비물

밥, 물, 믹서, 시금치, 토마토, 루이보스 티백

1 초록 빛의 시금치, 붉은 빛의 토마토 그리고 노란 빛의 루이보스 티백을 준비합니다. 아기가 이미 먹어 본 재료들, 알레르기 반응이 없는 재료가 적합해요.

2 시금치 잎을 밥, 물과 함께 섞은 후 믹서로 갈면 초록 빛 물감이 됩니다. 밥을 넣으면 끈기가 생겨 발색이 잘 되고 촉감도 좋고 맛도 순해집니다. 같은 방법으로 토마토를 이용해 붉은 빛 물감을 만듭니다.

3 루이보스 티백을 우려 노란 물을 내린 후 그 물에 밥을 넣고 갈아 주세요.
tip 물감이 너무 되직하면 풀처럼 달라붙으니 약간 묽게 만드는 것이 좋아요.

4 이제 바닥에 비닐을 넓게 깔고 천연 물감을 그릇에 담습니다. 붓도 준비하고요. 비닐 위에 전지를 한 장 깔아 주니 똘순이는 아예 물감을 접시째 들고 바닥에 뿌리며 즐거워하네요.

12~18개월
꼬부랑 꼬부랑 국수놀이

더운 날 즐겨 먹는 잔치국수.
식구들이 한 그릇씩 비웠는데도
소면이 많이 남네요. 덕분에 똘순이
장난감으로 당첨된 소면으로
국수놀이를 해 봅니다.
아주 간단하고 무엇보다도 언제 어디서든
쉽게 놀이를 할 수 있어 좋아요.
식당에 가게 될 때 국수 놀이를 준비해 가면
어른들이 식사하는 동안 얌전히 놀이에
열중한 아기를 볼 수 있을 거예요!

준비물

삶은 국수(또는 파스타면),
검은 도화지(또는 검은 접시
나 상자)

1 국수 놀이를 하기 전 일단 아기에게 국수를 맛보여 줍니다. 복스럽게 잘 드시는 따님, 식성은 아빠를 닮았니? "맛있어, 맛있어." 요즘은 이렇게 한 단어로 말하기 시작하네요.

2 흰색 소면의 형태를 관찰하기 쉽게 검은색 바탕을 마련해 줍니다. 저는 검은 상자를 사용해 보았는데 검은 도화지나 검은 그릇도 좋아요.

검은색과 흰색이 서로 대비가 되어 시각 발달을 촉진시켜 주고 자연스럽게 지능 발달에도 도움이 되는 놀이입니다. 외출을 할 때 소면 약간과 어두운 색 천을 가져가면 천 위에 소면을 붙여 놀며 한참 동안 시간을 보낼 수 있어 좋아요.

3 손으로 얇은 국수 면발을 상자에 붙이기도 하고 들어 올리기도 하고…. 인내심, 집중력 등 아기들에게는 고도의 기술이 필요한 과정입니다.

12~18개월
흐느적흐느적 해파리 잡기

얇은 일회용 비닐봉지만 보면 자꾸 해파리가 생각나요.
투명하고 뭐든 담으면 밖에서도 훤히 비치는 모양이 꼭 해파리를 닮았거든요.
그런데 이 해파리가 지구 온난화로 바다 속 생태계 파괴의 주범이 되었다는군요.
그물이나 뜰채로 해파리를 끌어올려 배에 가득 실어 나르는
텔레비전 속 장면처럼 해파리 잡기 놀이를 한번 해 볼까요?

준비물

비닐봉지, 테이프, 매직펜, 가위, 마트 전단지

1 비닐봉지 안에 바람을 조금 넣어 매듭을 짓고 종이로 눈알을 만들어 붙여 주세요.
tip 눈알은 종이가 아닌 비닐봉지에 매직펜으로 직접 그리는 것도 추천합니다.

2 모양이 조금씩 다른 해파리를 여러 마리 만들어 줍니다. 가위로 비닐봉지 끝을 잘라 다리를 만들거나 비닐봉지 안에 물고기 모양의 종이 또는 이태리 타월 등을 넣어 변화를 줍니다.

3 욕조에 물을 받은 후 해파리를 둥둥 띄워 봅니다. 해파리 떼 출몰! 자, 이제 해파리를 잡아야죠. 주방에서 급조한 손잡이 채반을 뜰채 삼아 획획 해파리 잡기!

4 놀이 중에는 아기의 행동을 중계하듯 이야기를 들려 주면 아기가 놀이에 더욱 집중해요.
엄마 "해파리 한 마리, 두 마리… 여기 해파리가 정말 많구나."
"똘순이가 해파리를 잡았네, 물고기 먹은 해파리도 잡았네."

12~18개월
엉금엉금 박스동굴 기어가기

특대 사이즈 아기 매트를 주문했더니 매트와 함께 온 박스가 꽤 길어요.
책상 밑, 식탁 밑처럼 낮고 아늑한 곳을 좋아하는 아기들에게
박스 동굴은 그 자체만으로 더할 나위 없이 재미있는 장난감입니다.
온몸으로 엉금엉금 기어가는 박스 놀이.
아기의 반응에 엄마가 더 놀랄 거예요.

준비물

초대형 긴 박스, 테이프

1 긴 박스가 있다면 간단히 테이프로 감아서 박스가 찌그러지지 않게만 하면 되고요. 긴 박스가 없으면 같은 사이즈의 박스를 여러 개 이어 붙입니다.

tip 조금 더 튼튼한 박스 동굴을 만들고 싶다면 박스 겉면에 두꺼운 박스를 덧대어 붙여 주면 됩니다.

2 자, 이렇게 초간단 박스 터널 완성! 한쪽 벽에 박스를 붙여 놓고 그 옆에 무게감 있는 물건을 놓아 두면 박스 동굴이 쉽게 무너지지 않아요.

3 꼬물꼬물 박스 동굴을 기어가는 똘순이. 돌 전에도 작은 박스들을 이어 짧은 터널 통과 놀이를 한 적이 있었는데 그때는 동작이 빠르지 않아서 시간이 꽤 걸렸죠. 그런데 이번에는 동굴이 꽤 긴데도 후다닥 통과해서 깜짝 놀랐답니다.

4 똘순이가 카메라를 잡으려는 순간! 하도 웃겨서 저도 모르게 셔터를 누르고 말았네요. 엄마도 아기도 함께 즐거워지는 박스 터널 놀이, 한번 도전해 보세요.

12~18개월
마음대로 척척 휴지 붙이기 놀이

똘순이는 왜! 물놀이를 하면서 비누를 먹으려고 하는 걸까요?
맛이 없을 텐데 눈만 돌리면 비누를 잡고 먹으려고….
그래서 자주 가지고 놀던 물놀이 장난감을 다 치우고
오늘은 완전히 새로운 것으로 아기의 관심을 돌려 봤어요.
물에 잘 녹고 벽에도 잘 붙는 휴지를 이용한 놀이랍니다.

준비물

키친타월, 두루마리 휴지

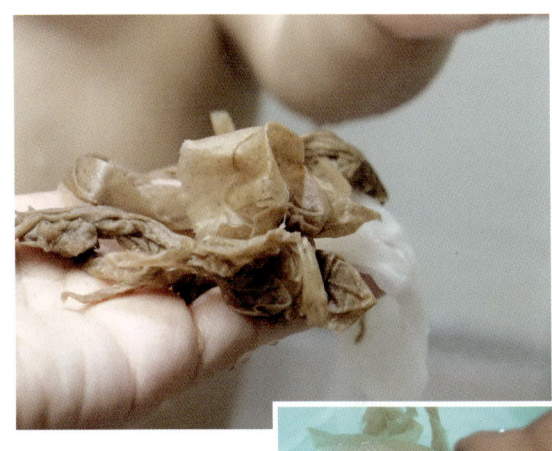

1 키친타월과 두루마리 휴지를 준비합니다. 두루마리 휴지는 물에 잘 녹으며 부드럽고, 키친타월은 좀 질기고 물에 넣어도 잘 찢어지지 않아요.

2 각각의 휴지를 물에 담근 후 건져 냅니다. 휴지가 물에 들어가 흐물흐물해지는 것도 아기가 재미있어하네요.

3 욕실 벽이나 타일, 유리문에 젖은 휴지를 붙여 보세요. 아기가 정말 재미있어하죠.

월령이 조금 더 높은 아기들은 이 휴지 붙이기 놀이를 응용해 다양한 놀이를 시도해 볼 수 있습니다. 예를 들면, 유리벽에 매직펜으로 그림을 그리고 그 안에 휴지를 붙여 사물을 표현해 볼 수 있고요. 아기가 원하는 모양이나 숫자 등을 휴지로 만들어도 재미있어요.

따뜻한 말 한마디, 토닥토닥 위로가 필요한 날
된장국으로 만든
무청 된장국밥

    남편이 회식하고 온 다음 날 아침, 습관처럼 국을 끓입니다. 아기도 함께 먹어야 하니 된장국이 무난하겠네요. 아기가 태어나니 일상의 모든 것들이 아기 중심으로 돌아가요. 식사도 마찬가지죠. 남편과 제 식성보다는 아기에게 먹일 수 있는 음식, 아기가 좋아하는 음식을 먼저 만들게 되니까요. 그래서일까요? 하루는 남편이 평소 하지 않던 반찬 투정을 하더군요. 요즘 자신은 집밥을 의무감으로 먹고 있다면서…. 그래서인지 요즘 따라 더 잦아진 회식이 마음에 가시처럼 걸렸습니다. 그리고 어제 저녁을 먹고 들어가겠다는 문자에 기어코 감정이 폭발해 크게 다투기까지 했지요. 결혼 전 그리고 아기가 생기기 전 서로를 향했던 부부의 관심이 온통 아기에게 쏠리다 보면 아주 작고 하찮은 일들도 부부싸움으로 번지곤 하더라고요. 힘든 육아로 체력은 한계에 치닫고 관절염으로 병원까지 오가며 전전긍긍하고 있는데, 왜 남편은 따뜻한 말 한마디 건네주지 않는 건지 서럽고 원망스러울 때도 있었어요.

    그런데 나중에 보니 그 역시 나와 같은 마음이었더군요. 말로 표현하지 않았을 뿐, 자신의 자리에서 나름대로 힘든 무게를 견디며 노력하고 있었던 거죠. 상대방의 속마음을 알게 되니 섭섭한 마음이 오래가진 않았어요. 하지만 하루에도 수십 번씩 오르락내리락 롤러코스터를 타는 내 마음을 다스리기란, 참 말처럼 쉽지가 않네요. 후회와 미안함이 쳇바퀴처럼 밀려왔다 또 멀어지는 일상이 반복되는 하루하루입니다.

그래서 오늘은 특별히 아기 입맛은 물론 남편과 제 입맛까지 모두 맞출 수 있는 요리를 준비합니다. 칼칼한 국을 즐기는 남편은 해장을 하고 저는 육아 스트레스 날릴 수 있는, 구수하고도 쨍하게 칼칼한 된장국밥이에요. 일단 쌀뜨물에 된장을 풀고 멸치 다시마 육수를 내어 삶은 무청과 무, 두부, 대파를 넣고 끓여 아기 된장국부터 끓입니다. 이렇게 아기 국 한 그릇을 퍼 놓고는 남은 국에 썬 고추와 고춧가루, 파를 넣고 국간장이나 굵은소금으로 모자란 간을 보충합니다. 그렇게 몇 번 휘휘 저어 그릇에 담아내면 무청 된장국밥 완성. 김치 한 쪽을 살짝 올려 땀내며 먹는 이 칼칼한 국밥 한 그릇이 지치고 울적했던 두 사람의 마음을 푸근하게 달래 줍니다.

Step 4

18~24개월

열 국민장난감 안 부러운
우리 아기 취향저격 놀이

이 시기의 아기는 엄마 아빠 등 어른들의 행동을 모방하는 놀이를 좋아해요. 이런 성향을 고려해 인형으로 역할 놀이를 하면 무척 흥미 있어 하죠. 소근육도 발달해 빨래를 개거나 장난감 정리하기를 놀이로 연결시켜도 좋고, 뛰고 걷는 것이 익숙해지니 야외 놀이도 아주 재미있어해요.

또한 움직임이 좋아지고 언어 능력도 발달되어 뭐든 하고 싶은 것도 많고 떼가 늘어납니다. 이때 아기가 감정 조절을 할 수 있도록 인내심을 갖고 잘 지켜봐 주고 때로는 아기가 좋아하고 원하는 것을 실컷 해 볼 수 있는 놀이를 제안하고 충분히 설명을 해 주는 과정도 필요합니다.

18~24개월
두뇌 발달에 좋은 다양한 무 블록 놀이

무국 끓이려고 남편 퇴근길에 장보기를 부탁했는데,
바람이 잔뜩 든 무를 사왔지 뭐예요.
구멍이 숭숭 뚫리고 푸석하기까지….
도저히 먹을 수가 없는데 그냥 버리기도 아깝고 해서,
바람 든 무를 활용해 다양한 무 블록 놀이를 해 보았어요.

준비물
무, 칼

1 무 쌓기 놀이 : 무를 통을 썰어 아기 앞에 놓아 주세요. 무 자체에 수분이 있어서 쌓으면 서로 잘 들러붙고 쉽게 떨어지지 않아요. 쌓기 놀이를 잘 못하는 아기에게도 안성맞춤 놀잇감이죠.

2 무 붙이기 놀이 : 무를 칼이나 채칼로 얇게 저민 후 씽크대 한 쪽 벽에서 무 붙이기 놀이를 해 보세요.

무 블록으로 재미있는 모양을 만들거나
수 놀이를 해도 좋겠죠?
아기의 월령과 발달 수준에 맞게
놀이를 적절히 활용해 보세요.
무 쌓기 놀이는 돌이 갓 지난 아기도 할 수 있는
놀이이지만 작은 무 쌓기 놀이는
집중력과 소근육 사용을 좀 더 잘 할 수 있는,
더 높은 월령의 아기들이 하는 것이 좋겠죠.

3 작은 무 쌓기 놀이 : 무를 깍둑썰기한 후 이것을 블록처럼 가지고 놀아요. 쌓기 놀이를 해도 무척 재미있지요.

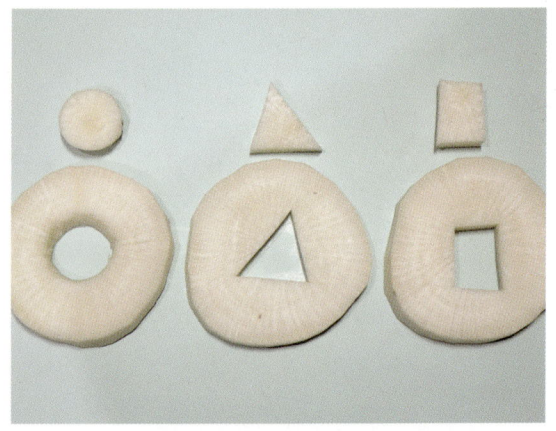

4 무 도형 끼우기 놀이: 무를 통으로 납작하게 썬 후 중심을 동그라미, 세모, 네모 모양으로 도려내 줍니다. 무가 약간 두툼해야 아기가 쉽게 잡고 끼울 수 있습니다. 똘순이는 동그라미 끼우기를 제일 자신있게 하네요.

5 무 굴리기 놀이: 엄마랑 아기랑 같이 무를 굴려 보세요. 똑같이 무를 굴려도 떼구르르 굴러가는 방향이 매번 다르죠. 똘순이는 무를 굴리고 놀다가 자동차 바퀴에 무를 끼워 넣으려고 하네요. 무와 같은 모양의 물건을 찾아보는 것도 재미있겠죠.

6 무 징검다리 건너기: 넓적하고 촉촉한 무 징검다리를 건너 볼까요? 하나, 둘, 셋, 넷! 생각보다 균형 잡기가 쉽지 않아 더욱 재미있어요.

무 징검다리 건너기는 아기의 월령에 맞춰 다양하게 응용, 변형해 볼 수 있습니다. 예를 들어 아직 월령이 어린 아기들은 발바닥에 느껴지는 감촉을 이용한 촉각놀이 또는 중심 잡기 놀이가 좋고 더 큰 아이들이라면 수 개념 놀이, 삼각형이나 사각형 등 재미있는 모양으로 움직여 보는 놀이 등으로 응용할 수 있답니다.

`18~24개월`

재활용품으로 여러 가지 붓 만들기

오늘은 똘순이 전용 화실인 욕실에서 벗어나
복도 벽 한쪽에 작업실을 만들어 줬어요.
말이 거창해서 작업실이지 벽에 전지 한 장
붙인 후 물감 내 주고, 재활용품으로
색다른 붓을 만들어 준 것이 다예요.
도구가 달라지니 아기는
그것만으로도 신이 나나 봐요.

준비물

빨대, 두꺼운 투명 비닐, 키친타월, 끈(실 또는 빵끈), 종이, 가위, 일회용 비닐봉지, 테이프, 전지, 유아용 물감, 스티로폼 과일 포장재

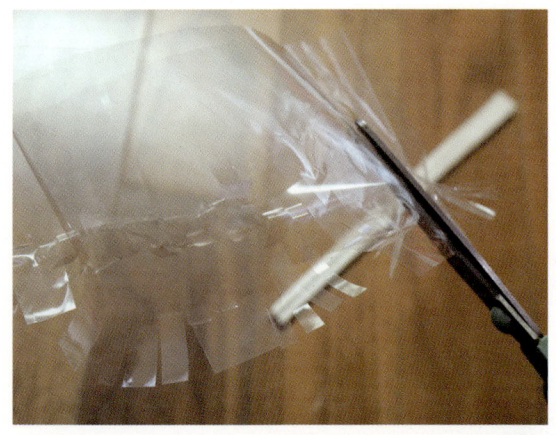

1 두꺼운 투명 비닐을 가로 7~8cm, 길이는 20~25cm정도로 자른 후 아래쪽 3cm 정도를 가위로 촘촘하게 자릅니다.

2 이를 빨대나 나무젓가락에 돌돌 말아 테이프로 고정해 비닐 붓을 만들어 주세요.

3 비닐 붓의 솔 부분을 손으로 비비거나 구겨서 쉽게 구부러지게 해 줍니다.

4 손수건 안에 일회용 비닐봉지를 구겨 넣은 다음 끈으로 묶어 손수건 뭉치 붓을 만듭니다. 마지막으로 비닐 안에 키친타월을 넣은 후 매듭지어 비닐 뭉치 붓도 만들어 보고요.

5 벽에 전지를 붙이고, 팔레트 대용으로 쓸 스티로폼 과일 포장재에 물감을 짜 놓습니다.

6 자, 이젠 아기가 자유롭게 그릴 차례입니다. 비닐 붓, 손수건 뭉치 붓, 비닐 뭉치 붓 등 다양한 도구로 물감을 팡팡 찍으며 그림을 그려 봅니다.

7 그림 그리기를 마친 후 손수건 뭉치 붓을 펼쳐 물에 담가 봅니다. 물감이 퍼지고 색이 변화되는 것을 아기와 함께 관찰해 보세요.

8 손수건에 흐릿하게 남은 물감 자국을 그대로 건조하니 꽃무늬 손수건이 되었네요.

18~24개월
코끼리 아저씨는 코가 손이래

매일 가지고 노는 블록, 식상하지요.
관심에서 멀어진 장난감들은 한동안 자리만
차지하다가 둘째나 이웃집 아기에게
물려주게 되죠. 돌 즈음 구매한 아기 블록,
엄마의 생각을 더해 완전히 새로운 놀잇감으로
탈바꿈시켜 보세요.

준비물

블록, 일회용 컵 홀더(또는 골판지), 가위, 종이, 펜, 딱풀, 과자

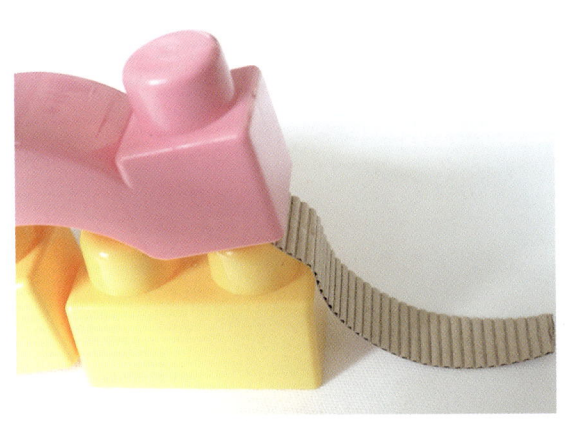
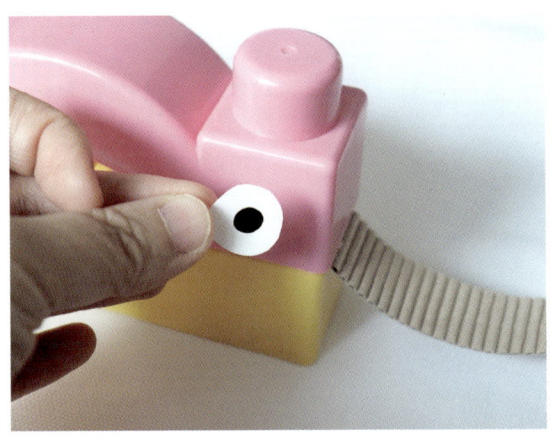

1 골판지로 된 일회용 컵 홀더를 반으로 잘라 길쭉한 모양으로 코끼리 코를 만든 후 크기가 다른 블록 2개 사이에 사진처럼 끼웁니다.

2 종이에 눈알을 그려 오린 후 풀로 붙여 주세요. 자, 이렇게 되면 코끼리 한 마리 완성!

3 같은 방법으로 블록을 활용해 다양한 크기와 모양의 코끼리를 만들어 주세요.
<엄마> "엄마가 블록에 종이를 끼우고 눈알을 뿅뿅 붙였지. 그랬더니, 어머나, 코끼리가 되었네!"

더 재미있게!

다양한 목소리와 노래로
아기와 재미있게 놀아 보세요.
<엄마> "똘순이, 코끼리 노래 알죠?
코끼리 아저씨는 코가 손이래,
과자를 주면은 코로 먹지요~"
"길쭉한 코는 코끼리, 코코코, 코끼리.
똘순이도 코끼리한테 까까 줘 보자.
냠냠, 아, 맛있어. 바삭바삭.
코끼리 아저씨가 고맙대요."

18~24개월

내 맘대로 만드는 감자 오브제 공예

점심을 먹고 아기와 함께 산책을 나갔는데
강풍이 몰아쳐 집으로 돌아왔어요.
밖에서 놀고 싶었던 아기는
그만 떼가 폭발합니다.
마침 저녁 준비를 위해 삶아 놓은 감자와
외출 중에 구해 왔던 나뭇가지로
오브제 공예를 시작했어요.
아기의 울음 떼가 순식간에 잠잠해졌어요.

준비물
삶은 감자, 커피스틱, 나뭇가지, 콩, 말린 귤껍질, 말린 채소 등

1 일단 감자를 삶습니다. 그 외에 삶은 감자를 꾸밀 재료들을 준비하는데요. 저는 집에서 말린 채소, 콩 그리고 나뭇가지 몇 개를 준비했어요.

2 삶은 감자는 반으로도 잘라도 좋고 그냥 통으로 써도 좋습니다.

3 아직 식지 않은 삶은 감자. 살짝 따뜻한 온기가 남아 있어요. 아기에게 재료를 설명해 주세요.
아빠 "감자가 따뜻해요. 감자가 익었어요. 이건 빨대, 말린 귤껍질, 말린 도화지, 호박, 나뭇가지예요. 감자에 이렇게 나뭇가지를 꽂아봐요."

4 아기와 함께 다양한 재료를 활용해 감자를 꾸며보세요. 익숙한 재료들이지만 모양, 색깔, 촉감이 다 다르죠. 이제 재료만 놓아 줘도 스스로 이리 저리 탐색하며 노는 모습을 보게 되네요.

`18~24개월`
찍고 먹고 그리고, 다양한 당근 놀이

당근 밭 체험을 한 이후로 똘순이가 당근을 꽤 잘 먹네요.
주스와 반찬에 들어간 당근은 곧잘 먹는데
아무래도 생 당근은 싫은가 봐요.
몇 번 입에 물었다가 휙 내뱉기도 하구요.
당근을 조금 더 자주 보여 주고 먹게 해 주면
그 맛과 향에 익숙해지겠죠?

준비물

당근 즙으로 당근 도장 찍기: 당근, 빨대, 종이, 칼, 착즙기(또는 믹서)
당근 전 만들기: 당근, 밀가루, 물, 소금, 식용유
물감으로 당근 도장 찍기: 물감, 당근, 칼, 종이

1 당근즙으로 당근 도장 찍기: 당근을 착즙기에 넣어 건더기와 당근즙으로 분리합니다. 건더기는 당근전을 부치고 당근즙은 물감 대용으로 사용할 거랍니다.
tip 착즙기가 없다면 믹서로 당근을 갈아 면보에 넣고 짠 후 즙과 건더기를 분리해서 씁니다.

2 당근을 도톰하게 통으로 잘라 동그라미, 세모, 네모 모양으로 만들고 그 안도 칼로 파내 주세요.

3 아기가 쉽게 잡을 수 있도록 당근 위에 빨대를 꽂아 당근 도장을 만들어 줍니다.

4 당근즙과 당근 도장을 이용한 찍기 놀이를 해 보세요.
<엄마> "종이에 찍어 보자. 콕콕, 통통, 당근 도장을 꾹! 꾹꾹 찍어 보자. 동그라미도 찍고, 네모도 찍고…"

여기에 새우살이나 다른 채소들을 넣으면
더 맛있는 당근전이 되겠지만,
오늘은 당근이 주인공이기에
당근 맛을 제대로 느낄 수 있도록 했습니다.
당근은 생으로 먹을 때보다는 기름에 볶아서
먹을 때 비타민A 흡수에 좋습니다.
당근전을 먹으면 비싼 영양제가 부럽지 않죠.

5 당근전 부치기 : 당근 건더기에 밀가루, 소금, 물을 넣고 팬에 부쳐냅니다. 당근 색이 정말 곱죠? 맛은 어떨까요? 당근만 듬뿍 갈아 넣었을 뿐인데 똘순이가 부침개 한 장을 너무나 맛있게 먹었어요.

6 물감으로 당근 도장 찍기 : 똘순이가 간식을 끝으로 놀이를 마치기가 아쉬웠나 봐요. 욕실로 엄마 손을 끌어 물감 놀이를 하겠다네요. 벽에 전지를 붙여주고, 당근 도장도 쥐여 줬어요.

7 이제 물감으로 아기가 자유롭게 물감을 찍고 손으로 긋고 색을 섞어 보며 놀이를 하게 해 주세요.

tip 팔레트 대신 요구르트 컵을 재활용하면 정말 좋아요.

`18~24개월`

조물조물 쓱싹쓱싹 오감발달 김치 놀이

김장철, 똘순이 외할아버지께서 농사지으신 건강한 배추가 도착했습니다.
배추로 김장도 하면서 똘순이와 함께 놀이도 하기로 했어요.
소금이나 고춧가루 같은 양념을 쓰지는 못하지만,
배추를 자르고 버무리고 냉장고에 넣는 등 김치 만드는 과정은 흉내 낼 수 있어요.

준비물

배추, 물감, 빵칼, 붓, 도마, 그릇, 과일 껍질, 파, 비닐장갑, 화선지

1 우선 배추를 물에 씻어 볼까요? 배추 잎을 뜯어 물에 씻은 후 그릇에 담아 봅니다.

2 잘 씻은 배추를 손으로 찢거나 빵칼을 이용해 잘 자릅니다.

3 사과, 대파를 썰어 만든 양념으로 색감을 더해 주세요.

4 다 썬 배추와 양념(과일 껍질, 대파)은 한 그릇에 담아 주세요.

5 이젠 버무리는 일이 남았죠? 김치 맛은 손맛, 비닐 장갑을 끼고 조물조물 김치를 버무려 봅니다.

6 다 만든 김치는 그릇에 담아 냉장고에 넣습니다.
엄마 "김치는 그릇에 담자. 냉장고 속 엄마가 반찬 두는 곳 알지요? 엄마가 간식 꺼내 주는 곳. 똘순이가 만든 김치를 그릇에 담아 냉장고에 둘 거예요."

7 남은 배추로는 물감 찍기 놀이를 해 보세요. 일단 배추 잎에 물감을 잘 펴서 발라 주고요.

8 그 위에 화선지를 덮고 눌렀다가 떼어내면 배추 나무 그림이 완성된답니다. 배추 잎의 모양이 영락없이 한 그루 나무처럼 표현되었네요.

`18~24개월`

알록달록 무 그림 그리기

크게 앓고 난 이후로 아기가 외출을 거부하네요.
한번 아프고 나면 그 여파가 좀 오래가는 것 같아요.
그 좋아하던 물놀이는 물론 옷 입는 것까지 싫어하니
이럴 때마다 고민이 많아지는 엄마 아빠죠.
일단 오늘은 그림 그리기 좋아하는 아기 취향에 맞춰
무를 캔버스 삼은 그림 그리기 놀이로 기분 전환을 해 봅니다.

준비물

얇게 썬 무, 수채화 겸용 크레파스, 비닐봉지

1 무를 통으로 얇게 썰어 준비합니다.

2 무에 크레파스로 그림을 그려 봅니다.

tip 촉촉하고 수분감이 많은 무에는 수채화 겸용 크레파스를 사용해야 발색이 잘돼요.

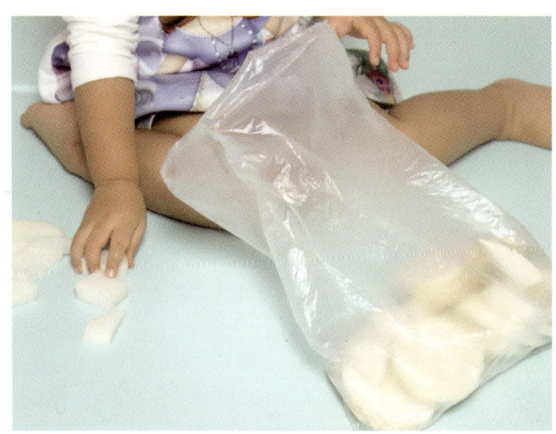

3 그림을 그린 후에는 정리도 놀이로 해 보세요. 그림을 그리고 남은 무, 바닥에 붙어 있는 얇은 무를 아기와 함께 봉지에 담아 정리합니다.

4 아기 월령이 조금 높아지면 무 놀이를 하고 남은 조각을 그대로 스케치북에 붙여서 연상되는 다양한 형상을 표현하며 놀아 보세요.

`18~24개월`
울퉁불퉁 땅콩 껍질 놀이

껍질째 들여온 햇땅콩을 보고
똘순이가 궁금한 얼굴로 다가옵니다.
아기가 껍질을 깔 수 있을까 궁금해
쟁반 위에 땅콩을 올려 주니
매우 재미있어하며 만져 보네요.
몇 가지 재료들을 추가하면 더욱 재미있는
땅콩 껍질 놀이를 할 수 있어요.

준비물

땅콩, 검은콩, 팥 등 각종 곡물, 페트병, 수저, 두부

1 땅콩 껍질 까기 : 땅콩 껍질은 아기 스스로 벗기기에 좀 딱딱해요. 땅콩을 누르듯 살짝 껍질을 까서 탁자에 올려 주세요. 아기가 땅콩 껍질 까는 재미에 푹 빠졌어요.

2 다양한 용기에 땅콩 넣기 : 모양과 크기가 다양한 투명 용기들을 놓아 줍니다. 손으로 땅콩을 다양한 용기에 넣어 보고, 병을 흔들어 소리도 들어 봅니다.

3 숟가락으로 땅콩 옮기기 : 모양과 크기가 다른 다양한 숟가락도 도구로 주어 봅니다. 숟가락으로 용기 속에 콩을 넣어 보기도 하고, 숟가락으로 콩을 옮기기도 합니다. 꽤 어려운 작업들인데 도전을 멈추지 않는 똘순이!

4 두부에 땅콩으로 표정 만들기 : 콩과 땅콩을 두부에 원하는 대로 박아 자유롭게 다양한 표정이나 모양을 만들어 보세요.

`18~24개월`

높이높이 탑 쌓고 조심조심 물따르기

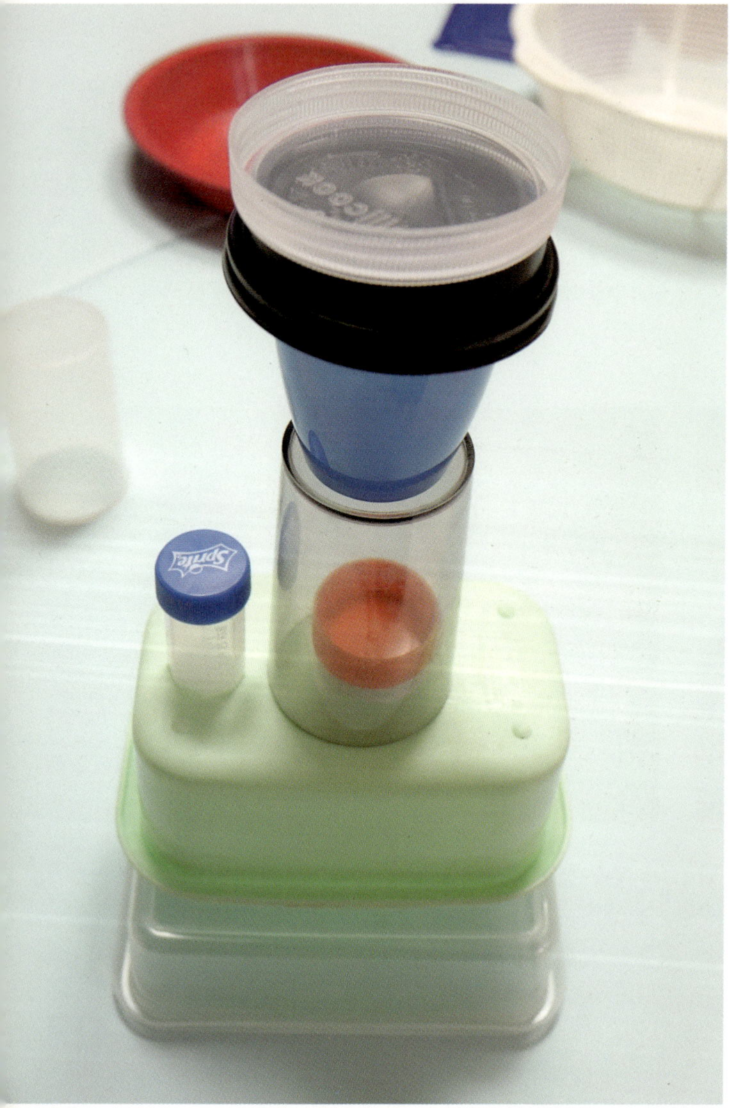

다양한 그릇들과 재활용할 수 있는 일회용품,
아기가 가지고 놀 수 있는 도구들을
모두 모아 보면 용도는 비슷해도
쓰임새나 모양은 모두 제각각이지요.
이 도구들을 활용한 탑 쌓기와 물 따르기
놀이는 해도 해도 질리지 않는
인기 만점 놀이예요.

준비물

각종 용기(쌓을 수 있는 것은 모두 가능), 물

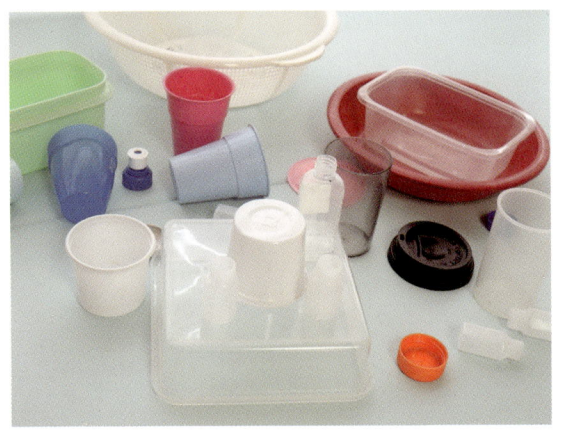 

1 되도록 다양한 모양의 그릇을 준비합니다. 얇고 넓은 뚜껑, 오목한 그릇, 길쭉한 병, 납작한 바구니, 손에 쏙 잡히는 컵도 좋아요.

2 이 도구들을 모아 자유롭게 탑 쌓기 놀이를 해 보세요. 넓은 그릇에는 그릇들을 쉽게 올릴 수 있지요. 크기가 다른, 크고 작은 물건들을 골라 차곡차곡 쌓아 봅니다.

 더 재미있게!

그릇을 쌓아 올린 모양 그대로 움직이지 않게 접착제로 고정하면 물놀이 장난감 분수대를 만들어 볼 수 있어요.
여기에 쓱쓱 매직펜으로 창문과 문을 그려 넣으면 멋진 성이 되겠죠?

3 한동안 정수기만 보면 물 달라고 외치던 똘순이. 컵 하나만 내주면 물이 쏟아질 때까지 반복해서 물 따르기 놀이를 하곤 했어요. 이제 이렇게 모양도 크기도 제각각인 그릇으로 물 따르기 놀이를 하니 물 만난 고기처럼 신이 났네요.

`18~24개월`

찜기 받침을 이용한 아기 교구

아기의 눈으로 바라보면 주방도구처럼
재미있는 모양을 가진 것들이 또 있을까요?
그중 최고가 바로 스테인리스 찜기 받침!
작은 구멍이 수없이 많이 뚫린 데다
꽃잎 같이 생긴 조각들이
한번에 오므려졌다 펴졌다 하니
보는 것만으로도 신기해요.
비행접시처럼 생기기도 한 이 재미있는
찜기 받침으로 간단한 아기 놀잇감을
만들어 보세요.

준비물

스테인리스 찜기 받침, 요구르트 빨대, 링 모양의 작은 과자들

아기와 함께 놀아 주거나 장난감을 만들어 줄 때
지금 아기가 가장 관심을 갖고 있는 대상이나
반복하는 행동에서 힌트를 얻어 보세요.
엄마는 의사나 발달 전문가가 아니지만
그 누구보다 지금 내 아기가 좋아하는 것,
흥미를 가지는 부분을 잘 알 수 있어요.
그리고 바로 그 지점에서 놀이가 시작됩니다.

1 스테인리스 찜기 받침과 각종 빨대, 링 모양 과자를 준비하세요. 요구르트를 사면 얻을 수 있는 얇은 빨대는 찜기 구멍과 딱 맞는 크기입니다.

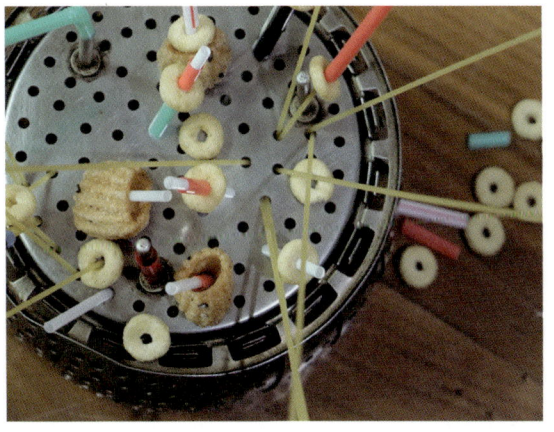

2 19개월이 된 똘순이는 요즘 던지기, 꽂기, 담기, 낙서하기, 신발 신기, 발 놀이를 참 좋아해요. 그래서 아기에게 빨대를 주고 실컷 꽂아 볼 수 있도록 해 주었습니다.

tip 처음에는 친숙한 도구와 재료로 놀이를 하다가 그 놀이가 익숙해지면 재료를 바꿔 좀더 난이도 있는 놀이로 발전시켜 주세요. 그래야 아기가 놀이에 계속 집중하고 흥미를 느낍니다.

3 이제 찜기를 오므린 상태에서 뒤집어 모양을 변형해 줍니다. 그리고 링 모양으로 된 아기 과자를 이용해 색다른 놀이를 제안해 보세요. 과자를 먹기도 하고 꽂기도 하고…. 시간 가는 줄 모르고 놀이에 집중하는 똘순이예요.

`18~24개월`

윙윙 청소기 낚시 놀이

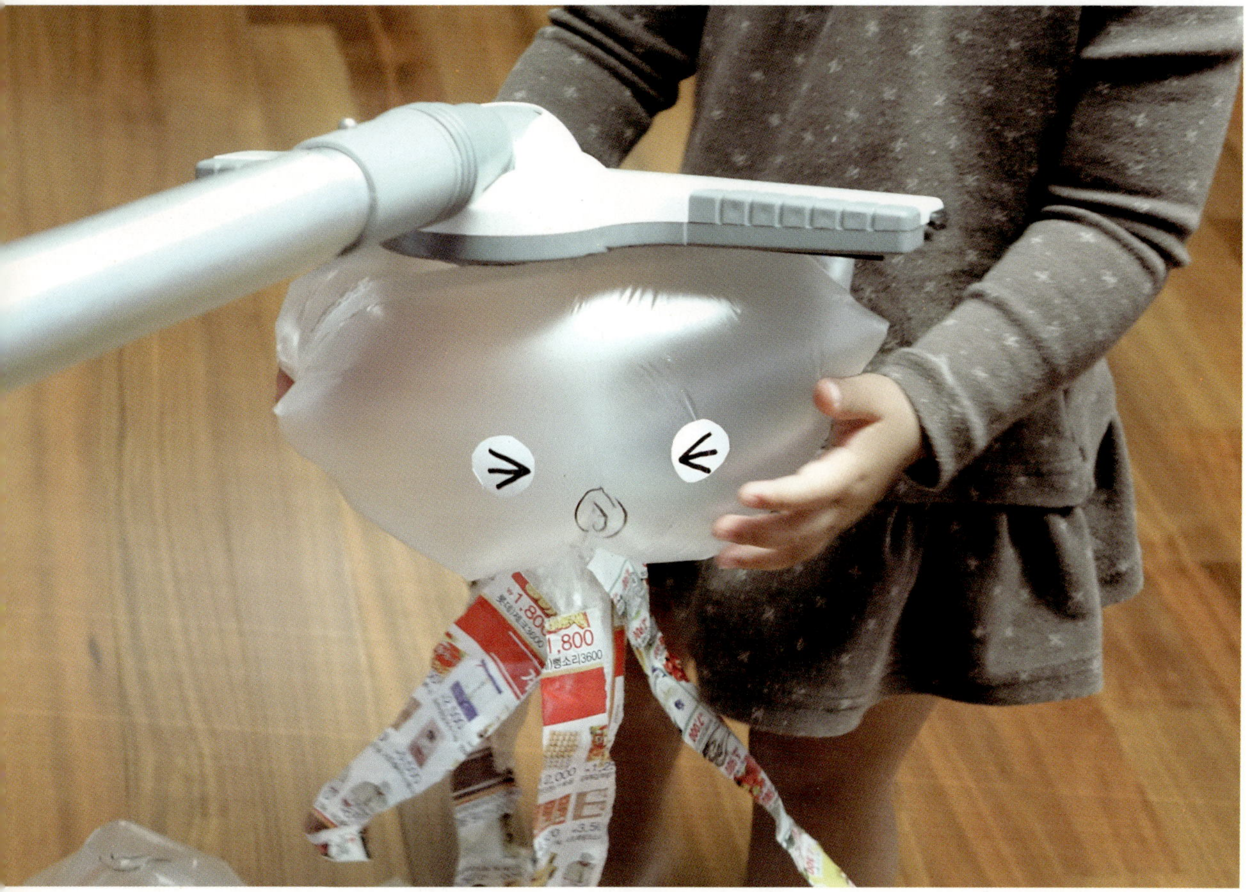

청소기를 들었다가 똘순이 방해 작전에 두 손을 들었어요.
이맘 때 아기들은 다 이럴까요? 소리 지르기, 떼쓰기가 늘어 고민하던 끝에
친정엄마께 도움을 청하니 며칠간 유심히 살펴보시며 조언을 주시네요.
못된 습관은 단호하게, 훈육할 때는 부부가 일관성 있게.
문제점을 찾다 보니 해결점도 찾았고요. 고역이었던 청소 시간도
신나는 놀이 시간으로 바꾸었더니 아기의 태도가 하루만에 달라졌어요.

준비물

비닐봉지, 매직펜, 마트 전단지, 가위, 테이프, 청소기

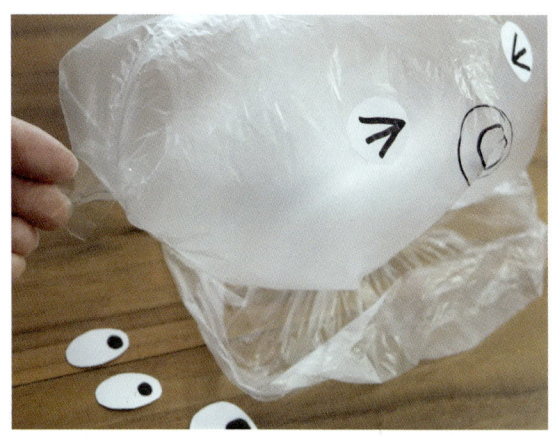

1 청소하면서 버려지는 종이들, 정말 많지요? 일주일에 몇 번씩 현관문 앞에 붙어 있는 마트 전단지, 참 많이 쓰고 또 버리는 일회용 비닐을 활용해 봅니다.

2 일회용 비닐은 공기를 불어 넣고 매듭을 지어 동그란 모양의 문어 몸통을 만든 후 매직펜으로 눈, 코, 입을 그려 줍니다. 그리고 비닐 한 장으로 문어 다리를 만들어 테이프로 문어 몸통에 붙여 주세요.

3 마트 전단지를 물고기, 다시마 등 다양한 바다 생물 모양으로 오려 줍니다.

4 비닐로 만든 문어와 물고기들을 바닥에 뿌립니다. 이제 진공청소기를 돌려 청소기의 흡입력으로 문어와 물고기 낚시를 해 보세요.
엄마 "와~ 문어다. 커다란 문어를 잡았어요."
청소 시간은 조금 길어졌지만 아기 웃음소리는 더 커졌네요.

`18~24개월`

안녕, 난 정리하는 뱀 친구란다

재미있게 노는 것까진 좋았는데,
늘 청소까지 엄마 몫이면 참 힘들죠.
실컷 논 후에 정리까지 알아서 하면
얼마나 좋을까요?
물론 엄마 욕심이란 것은 알지만
그래도 조금씩 해야 할 일과 하지 말아야 할
일을 가르쳐야 할 시기임을 느끼는
요즘이기에 아기의 정리 습관을 도와주는
정리하는 뱀 친구를 초대했습니다.

준비물

주방용 오븐 장갑. 종이,
펜, 가위, 테이프

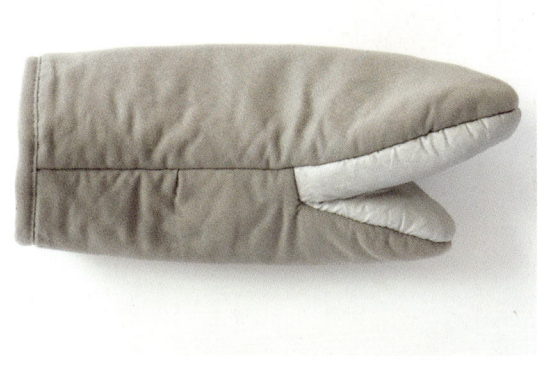

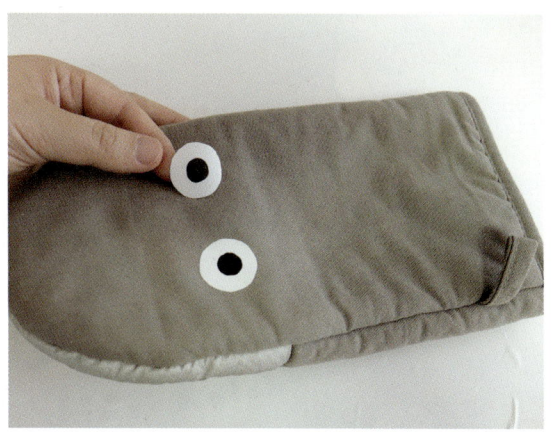

1 주방에서 즐겨 사용하는 오븐 장갑입니다.

2 이렇게 눈알만 만들어 붙이면 인형이 되지요? 인형이라고 해서 꼭 복잡하게 만들 필요는 없거든요.

3 이제 놀이 시간이 끝난 후 가지고 놀았던 장난감들을 뱀 친구와 함께 정리해 보세요.
엄마 (아기 뱀 목소리로) "안녕, 안녕! 똘순아. 난 정리하는 뱀이라고 해. 반가워!"

4 **엄마** "바닥이 이렇게 장난감들로 어질러져 있으면 다치거나 물건을 잃어버릴 수 있어. 그래, 그러니까 이렇게 물건을 한곳에 모아 놓아야 해. 맞아, 맞아~ 이렇게 담아야 해."
아기가 청소를 잘 하면 폭풍 칭찬! 정리하는 뱀 친구의 효과는 정말 최고랍니다.

`18~24개월`

오리고 찢고, 물감 색종이 붙이기

오전 낮잠 시간 전에 곧잘 똘순이와 욕실에서 물감 놀이를 하곤 했는데
이제 그 시간대가 되면 아기가 먼저 저를 이끌고 욕실로 가네요.
습관이 되어 버린 걸까요? 하도 많이 한 놀이라 지겨울 법도 한데 말이죠.
어쩌면 아기보다 엄마가 더 먼저 질린 것인지도 모르겠네요.
그래서 오늘은 늘 하던 욕실 물감 놀이에 색종이를 추가해 봅니다.

준비물

색종이, 가위, 물감(핑거 페인트), 물, 붓

1 붓에 물을 조금 적셔 놓고, 물감을 재활용품 용기에 짜서 놓아 주세요.

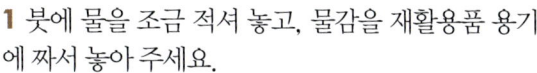 핑거페인트 물감은 색이 선명해서 손은 물론 붓으로 그림을 그릴 때 일반 물감보다 손쉽게 다룰 수 있어 좋아요.

2 색종이를 가위로 다양한 모양으로 자릅니다. 컵에는 물을 담아 놓고요.

3 색종이는 젖으면 벽에 잘 붙지요. 아기에게 이 사실을 알려 준 후 자유롭게 놀게 하세요.

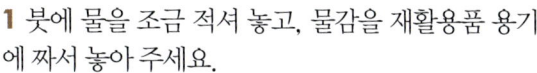 욕실 놀이가 잦아지면서 비닐 방석을 하나 만들었습니다. 두꺼운 비닐 속에 두툼한 수건을 넣은 후 돌돌 말아 테이프를 붙인 것인데요, 이렇게 하면 물에 젖지 않아 편리한 욕실용 비닐 방석이 됩니다.

놀이를 할 때마다 아기 그림이 달라져요.
아기는 어제보다 오늘, 오늘보다 내일
더 멋진 그림을 그린답니다.
종이를 가위가 아닌 손으로 찢어서 붙여 보고
물감을 넓은 접시에 담아 직접 손바닥으로
찍어 발라 보게도 하세요.

`18~24개월`

꼬꼬마 친구들과 하늘 높이 날아가는 뻥튀기 의자

아기와 함께 놀이를 하다 보면
때때로 엄마가 미처 생각하지 못한 부분에서
아기가 호기심을 갖거나 반응하는 것을
보게 됩니다. 엄마의 의도와는 뭔가 다르게
하지만 훨씬 즐겁고 재미있게
놀이가 전개되었던 뻥튀기 의자를
소개할게요!

준비물

동그란 뻥튀기, 두꺼운 빨대, 작은 인형들

1 동그란 뻥튀기는 놀잇감 재료로 손색이 없죠. 일단 가벼워서 다루기가 쉽고요. 빨대 같은 재료를 사용해 구멍을 쉽게 뚫을 수도 있어요.

2 이제 뻥튀기에 빨대를 꽂아 볼까요? 아기가 빨대 꽂기를 어려워하면 엄마가 구멍을 한 번 뚫어 주세요. 이후에는 아기도 힘들이지 않고 구멍에 빨대를 꽂으며 놀 수 있어요.

3 엄마 "동그란 뻥튀기에 빨대를 꽂았는데 무엇처럼 보일까?"
똘순이가 빨대가 꽂힌 뻥튀기를 뒤집어 의자 모양을 만들어요. 아, 이렇게 예상치 못한 순간, 아기가 놀이를 새로운 방향으로 이끌어 가네요.

4 엄마 "와, 뻥튀기가 의자가 되었네?"
똘순이가 사랑하는 꼬마 친구들을 전원 소집합니다.
엄마 "이제 인형 친구들 태우고 슝슝~ 하늘 높이 날아가 볼까?"
뻥튀기 놀이가 이렇게 재미있을 줄은 몰랐어요.

18~24개월
냉장고 속 양상추를 재활용한 3가지 놀이

양상추 한 통을 사면 양이 꽤 많죠.
한번 냉장고에 들여놓으면 꼭 제때 다
먹지 못해 시들시들해지는데
그걸 다 먹자니 토끼가 될 것 같아요.
그래서 오늘은 남은 양상추로
똘순이와 함께 3가지 재미있는
놀이를 해 봤어요.

준비물

양상추, 검은 도화지, 밥, 물, 믹서, 빨대, 가위, 테이프, 유성펜, 비닐, 뜰채, 귤 껍질, 나무 꼬치

1 아기가 양상추와 귤껍질을 만져 보고, 잎을 떼어 보고, 손으로 잘라 보고, 소리도 들어 보게 합니다.
tip 아기가 재료를 탐색할 때 엄마는 재료에 대한 맛, 색깔, 촉감 등에 대해 이야기해 줍니다.

2 양상추를 이용한 조형물 만들기: 나무 꼬치의 날카로운 부분은 가위로 제거하고, 빨대는 반으로 잘라 꽂기 놀이를 해 봅니다. 이때 색깔이 다른 과일 껍질이나 채소가 있다면 같이 놓아 주세요.

3 양상추로 도화지에 그림 그리기: 밥에 물을 붓고 믹서에 갈아 풀을 만들어 줍니다. 숟가락으로 풀을 떠서 검은 도화지 위에 발라 보고, 손으로 만져 보고, 도화지 위에 여러 재료들을 펴서 붙이며 자유롭게 놀게 합니다.

4 양상추 돛단배 만들어 뜰채로 담기: 두꺼운 비닐을 사진과 같이 네모 또는 세모 모양으로 잘라 테이프로 빨대에 붙여 돛을 만듭니다. 이렇게 비닐 돛을 단 양상추 돛단배를 물에 둥둥 띄우거나 뜰채를 이용해 다른 곳으로 옮겨 담으며 놀아 보세요.

새벽까지 잠 못 들어 온몸이 천근만근인 날
감자 당근 전으로 만든
감자 토르티야 피자

　요즘은 새벽 시간이 금쪽같아요. 아기 낮잠 시간이 점점 줄어들면서 놀아 달라는 시간이 늘어나니 낮에 못다 한 일들을 여유롭게 할 수 있는 시간은 늘 아기가 잠든 늦은 밤뿐이거든요. 이것저것 집안일을 마무리하고 웹서핑을 하며 비교해 놓은 물건들을 구매하다 보면 시간은 금세 자정을 지나 새벽으로 넘어갑니다. 때로는 잠자는 시간이 아까워 밤을 꼬박 지새울 때도 있어요.

　그렇게 맞이한 다음 날, 피곤한 몸으로 즐겨 하는 아기 반찬 중 하나가 바로 전입니다. 손이 큰 저는 항상 먹는 것보다 남는 게 더 많아지곤 하는데, 그래서 가끔 한 끼를 남은 전으로 때우기도 하지요. 그러다 전이 너무 물려 먹기 싫어지는 날에는 손쉽고 간단한 토르티야를 만들어 먹는 것이 좋더라고요.

　일단 감자와 당근을 갈아 그릇에 담은 후 물은 따라 버리고 건더기만 이용해 아기가 먹을 감자 당근 전을 간단히 부쳐 냅니다. 그다음은 토르티야를 만들 차례인데요. 시중에 파는 토르티야를 팬에 살짝 구은 후 스파게티 소스나 케첩을 발라 줍니다. 그리고 그 위에 감자 당근 전과 함께 볶은 채소나 생 채소, 모짜렐라 치즈 등을 올린 후 뚜껑을 덮고 토르티야 가장자리가 노릇해지도록 전자렌지에 돌립니다. 이때 치즈가 먹기 좋을 정도로 녹으면 적당합니다.

　토르티야 피자를 처음부터 전자렌지에 돌리면 토르티야는 눅눅해지고 치즈만 녹아 맛이 덜해요. 그러니 토르티야를 팬에 올려 직접 굽다가 전자렌지에 넣어 주세요. 그러면 토르티야는 노릇, 바삭하면서도 치즈가 적당히 녹아 토핑들과 어우러지니 한결 맛있죠.
　아기를 키우느라 초저염식을 하게 되어 가끔은 기름지고 짭짤한 음식이 당길 때가 있지요. 그런 날 이렇게 쫄깃하고 부드럽고 고소한 감자 토르티야 피자를 만들어 보세요. 천근만근 무거워진 온몸에 활력을 불어넣는 마법의 요리입니다.

Step 5

24~30개월

혼자서도 잘 놀아요!
엄마의 꿀맛 같은 휴식을
책임지는 놀이

　25~30개월에는 아기의 언어 능력이 몰라보게 좋아집니다. 아기 자신도 사람들과 의사소통하는 것에 많은 관심을 갖고 즐거워하죠. 그래서인지 이 시기에는 인형으로 역할 놀이를 하거나 일상에서 접하는 사물들의 이름을 활용하는 놀이들을 무척 좋아해요. 이때 마트 전단지처럼 일상 속에서 아기가 흔히 접할 수 있는 사물이 담긴 사진을 활용한 엄마표 카드 놀이로 다양한 대화를 주고받으며 놀아 보세요. 또 이 시기에는 간단한 도형을 따라 그릴 줄 알게 되고 아기의 성향에 따라서 그림 그리기를 무척 즐기기도 해요. 큰 종이에 다양한 소재와 물감을 활용해 그림을 그리거나 욕실과 같이 주변에 물감 튀는 것에 구애받지 않는 공간에서 맘껏 표현하며 놀게 해 주는 것도 좋습니다.

　한편 이 시기에는 아기의 떼쓰기가 절정에 달해 엄마들이 심적으로 가장 힘들어집니다. 그러다 보니 엄마는 아기에게 짜증도 많이 내고 그만큼 죄책감도 늘어납니다. 그래서 아기가 혼자 놀잇감에 집중하거나 물감 놀이 등을 통해 스스로 내면의 욕구나 호기심을 마음껏 분출하는 동안, 엄마도 조금은 여유를 갖고 휴식을 취하는 것이 육아에 많은 도움이 됩니다.

24~30개월
먹물이 찌익~ 신기한 얼음 문어

함께하면 목욕과 물놀이가 재미있는 친구,
시원하고 귀여운 얼음 문어를 소개합니다.
천연 재료를 사용해 다양한 색을 낸 물을 얼리고
비닐장갑으로 문어 다리를 만들어 붙이면
색 얼음이 녹으며 먹물을 내뿜는
재미있는 얼음 문어가 탄생합니다.
문어에서 물이 나오지 않게 하고 싶으면
색 얼음 넣는 과정을 생략하면 됩니다.

준비물

투명 일회용 컵, 보리차(또는 다양한 종류의 차), 물, 비닐장갑, 펜, 신문지

1 투명 일회용 컵에 물과 다양한 재료를 넣어 얼립니다. 천연 염료이자 약재인 치자는 으깨어 우리니 노란 물이 나오네요. 대추는 물에 넣으니 둥둥 떠서 각얼음을 얹어 얼렸어요. 보리 가루를 넣어 콜라 빛 물을 만듭니다.

2 각각의 컵을 냉동실에 넣어 꽁꽁 얼려요.

tip 대추가 아니어도 콩이나 채소, 과일 등 뭐든 넣어서 얼려 보세요. 포도 주스를 얼리면 문어가 먹물 뿜는 장면을 연출할 수 있어요. 단, 아기가 먹어도 괜찮은 것, 나중에 얼음이 녹아 흘러 내렸을 때 가능한 한 끈적이지 않는 것이 좋아요.

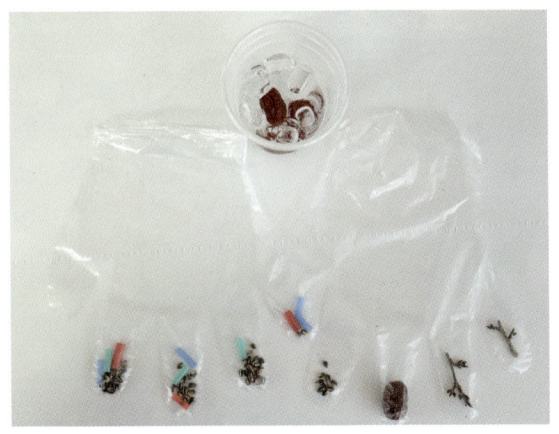

3 이제 문어 다리를 만듭니다. 우선 비닐장갑 안에 콩, 빨대를 넣어 사진처럼 문어 다리 8개를 만들어 주세요.

4 비닐장갑의 엄지손가락 부분에는 휴지를 돌돌 말아 넣습니다.

5 얼음이 언 컵의 뚜껑을 열고 문어 다리가 될 비닐 장갑 손가락 8개를 밖으로 빼 주세요.

6 컵 뚜껑의 빨대 구멍은 컵 속 얼음이 녹아 색깔 있는 액체가 되었을 때 이를 뿜어내는 문어 입 역할을 해 줍니다.

7 눈과 입을 그려 붙입니다. 스티커 북 자투리 종이를 사용해도 간편하더군요. 컵에다 직접 펜으로 눈을 그려도 좋은데 단, 이때는 컵을 얼리기 전에 그려야 쉽게 그려지고 잘 지워지지 않습니다.

8 사진과 같이 컵을 뒤집으면 얼음 문어 완성! 노란 치자 얼음을 머금은 문어, 참 빛깔도 곱죠?

tip 물이 나오는 양을 조절하고 싶다면 컵 안에 랩 또는 휴지나 솜을 넣으면 됩니다.

24~30개월
자석 전단지를 이용한 낚시 놀이

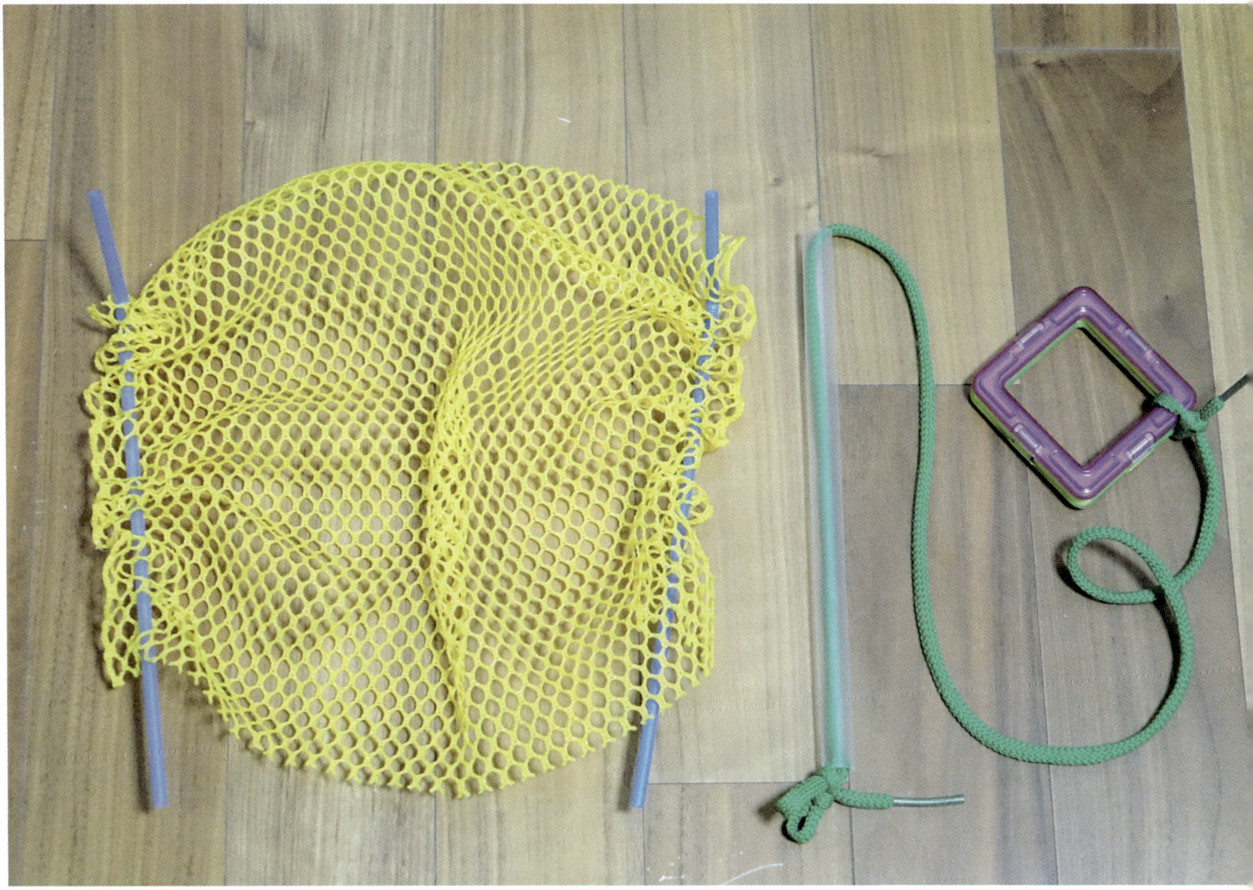

문 앞이나 엘리베이터 등에 곧잘 붙어 있는 자석 전단지.
똘순이 놀잇감 재료로 워낙 요긴하게 사용하다 보니
집으로 돌아오는 길에 이 자석 전단지가 보이지 않으면
왠지 아쉬운 마음마저 든답니다.
집에 굴러다니는 자석 전단지가 있다면 이를 이용해
재미있는 낚시 놀이를 즐겨 보세요.

준비물
자석 전단지, 쇠막대, 긴 끈, 막대(또는 두꺼운 빨대), 가위, 펜, 그물 수세미, 빨대, 테이프

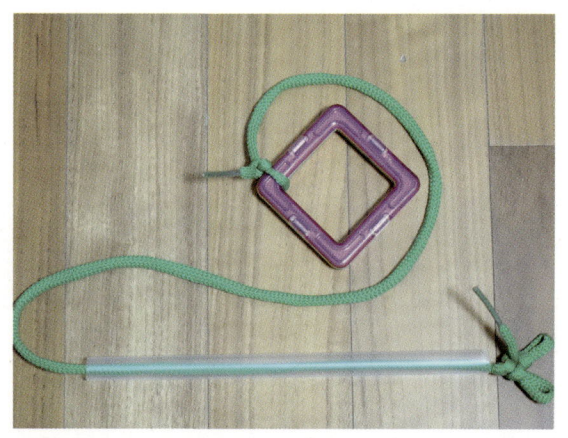

1 낚싯대부터 만들어 볼까요? 긴 끈과 버블티용 두꺼운 빨대를 준비합니다. 끈을 빨대 안에 통과시켜 끝부분에 사진처럼 매듭을 지어 줍니다.

tip 빨대 대신 막대를 이용한다면 끈을 쇠막대 끝에 묶어 주세요.

2 낚싯대 끝부분에는 사각형의 자석 장난감을 매달아 줬습니다. 그러면 자석 전단지로 만든 물고기를 만났을 때 착 하고 달라붙겠죠?

3 손 그물(어망) 양쪽 끝에 빨대를 그림처럼 홈질하듯이 끼워 줍니다. 그리고 끝부분은 빨대가 빠지지 않게 투명 테이프로 붙여 고정하면 완성입니다.

4 자, 이제 물고기들을 만들 차례입니다. 일단 고이 모셔 둔 자석 전단지들을 준비하고요.

5 자석 전단지 뒷면에 펜으로 바다 생물을 그려 줍니다. 사진처럼 그림 안에 자석판이 들어가게 그립니다.

6 그린 모양을 가위로 오립니다. 이렇게 해서 초간단 바다 생물이 완성되었습니다.

낚싯대에 물고기 잘 붙을수록 재미있으니
자성이 강한 자석으로 낚싯대를 만드세요.
또한 물고기는 크기가 작을수록,
무게가 가벼울수록 잘 붙어요.

7 자, 낚싯대가 쓸 만한지 한번 테스트해 볼까요? 낚시대를 대자 철컥 달라붙는 물고기. 와우, 물고기 낚시 성공! 하하

24~30개월

물이 똑똑 떨어지는 재미있는 물시계

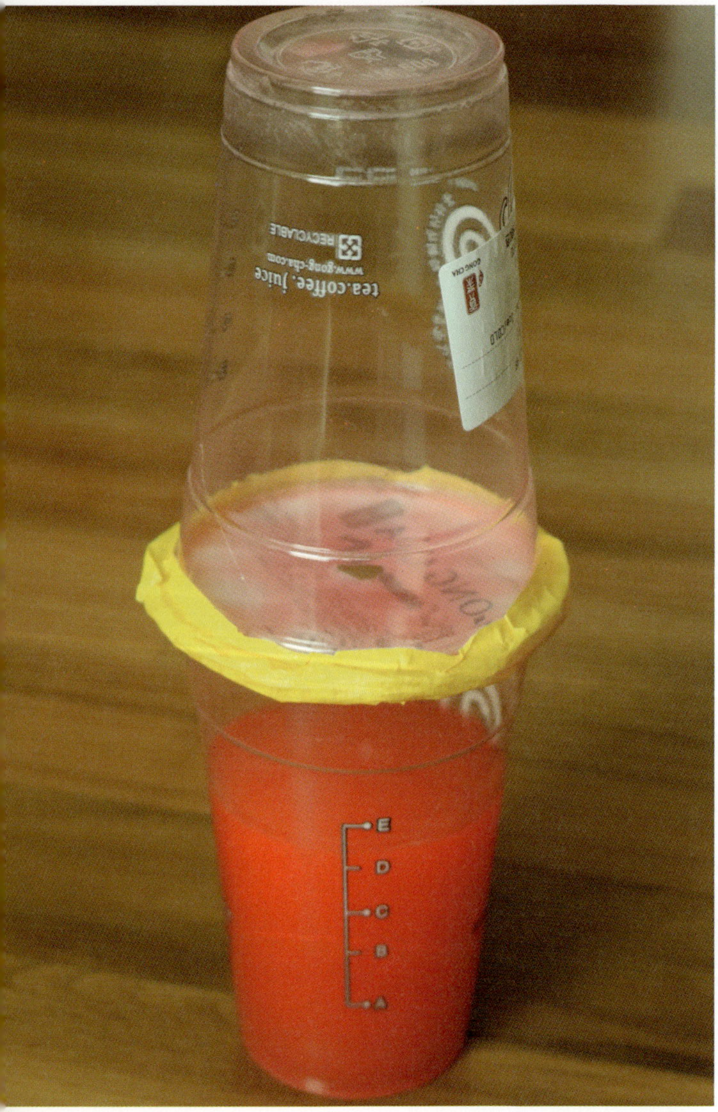

똘순이가 4개월쯤 되었을 때 잡곡을 이용한 모래시계를 하나 만들었는데 아기가 무척 좋아했어요(54쪽 참고). 29개월이 된 지금, 물놀이를 워낙 좋아하는 아기를 위해 색다른 물시계를 만들어 보고 싶더군요. 물이 새지도 않으면서 물이 똑똑 떨어지는 모습을 관찰할 수 있어 이번에도 아기의 반응은 최고였답니다. 안 만들었으면 후회했을 정도로요.

준비물

투명 일회용 컵 2개, 물감, 물, 글루건, 종이테이프

1 크기가 같은 투명 일회용 컵 2개를 준비합니다. 이 중 하나는 사진처럼 밀봉랩이 있는 컵이면 더욱 좋아요.

tip 뚜껑이 달린 일회용 컵이라면 뚜껑에 구멍을 뚫어 사용하세요.

2 빨대나 칼로 밀봉랩이나 뚜껑에 구멍을 낸 후 물을 반 정도 넣고 물감을 탑니다. 살짝 흔들어 색을 내 주세요.

tip 물이 통과할 구멍 부분은 가위로 잘라 다듬어 줍니다.

3 두 컵의 입구를 마주보게 한 후 글루건으로 붙여 주세요. 반대로 뒤집어서 물이 새는지 확인해 보고, 틈이 있는 부분은 조금 더 꼼꼼하게 붙여 줍니다.

4 글루건으로 접착한 부분에 종이테이프를 덧붙여 주었더니 물시계가 더 깔끔하게 완성되었네요.

똘순 "엄마, 물 다 떨어졌어. 어떡하지?"
엄마 "응, 뒤집으면 다시 물이 내려갈 거야. 이렇게 컵을 뒤집어 봐."

물시계에 푹 빠진 똘순이가 물시계를 손에서 놓을 줄 모르네요.

24~30개월
냠냠 휴지 밥을 먹는 컵순이

언젠가부터 습관처럼 가방에
가위, 테이프, 펜, 종이를 갖고 다녀요.
이것만 있으면 식당이나 카페 같은 곳에
가더라도 아기가 심심해하거나
지루해할 틈 없이 놀아 줄 수 있거든요.
이때 장난감 재료는 티슈나 일회용 컵,
길에서 나눠 주는 전단지들이면 충분합니다.
그렇게 10분, 15분 놀고 난 후 생겨 난
쓰레기들을 치울 때에는 휴지 밥을 먹는
컵순이 놀이를 이용해 보세요.

준비물

투명 일회용 컵, 가위,
매직펜

1 가위로 컵 입구를 동그랗게, 원래보다 조금 더 넓게 오려 주세요. 종이나 휴지가 잘 들어갈 정도의 크기이면 됩니다.

2 매직펜으로 컵 뚜껑에 재미있는 표정의 눈이나 입을 그려 주고요.

3 자, 이제 이름을 지어 줄까요? 컵 모양의 휴대용 휴지통이라 '컵순이'라고 했어요. 자, 똘순양, 이제 컵순이에게 휴지 밥을 주세요!

4 기특하게도 컵에 휴지를 잘 버리는 똘순이. 이렇게 하루, 이틀 습관이 된다면 나중에는 뭐든 스스로 하지 않을까 기대합니다. 언제 어디서든 자신이 머물렀던 자리는 깔끔하게…. 이제 컵순이를 가방에 쏙 넣고 일어납니다.

24~30개월

꼬물꼬물 시원한 수건 뱀

"더워, 더워, 땀 나, 물 줘, 얼음 줘…."
더위 타는 아기에게 정말 시원하고 재미있는
장난감을 만들어 줍니다.
아주 간단하게 만드는 꼬물꼬물 수건 뱀.
이 녀석들만 있으면
삼복더위도 두렵지 않죠!

준비물

아기 옷(또는 수건), 비닐(또는 랩), 물

1 일단 옷을 물에 적십니다. 알록달록 무늬가 있는 옷이 뱀을 만들었을 때 더 예쁩답니다.

2 뱀처럼 모양을 길쭉하게 잡아 비닐이나 랩에 싸서 넣어 주세요.

3 비닐에 담긴 젖은 옷을 냉동실에서 얼려 줍니다.

4 냉동실에서 얼린 옷을 꺼낸 뒤, 실온에서 살짝 자연 해동을 합니다. 언 옷이 녹으면서 철사처럼 자유롭게 모양을 만들 수 있는 정도가 되면 놀이를 시작하세요.

🟠 tip 뱀 모양을 그대로 유지하고 싶다면, 몸통 중간 중간을 끈으로 묶어 줍니다. 또한 뱀 눈은 단추나 딱딱이가 붙어 있는 쪽으로 표현하거나, 눈을 만들어 붙여도 됩니다.

24~30개월

십자 블록을 활용한 3가지 놀이

한동안 십자 블록을 자주 갖고 놀던 똘순이.
그러다 한동안 뜸하더라고요.
그리고 오늘 다시 아빠에게 십자 블록을
가지고 와 놀자고 하네요.
이 모습을 보고 제가 좀 거들었어요.
"그것만 가지고 놀면 재미없지 않을까?
엄마가 2가지 재료를 더 줄게.
이거랑 블록이랑 같이 갖고 놀렴.
하나는 빨대 그리고 줄이야."
십자 블록이 빨대와 줄을 만나 얼마나 더
재미있어지는지 한번 확인해 보세요!

준비물

십자 블록, 빨대, 끈

1 십자 블록 링 끼우기: 빨대를 중심에 두고 십자 블록을 끼워 보세요. 차곡차곡 쌓아 올리니 근사한 탑이 되었네요.

2 십자 블록 실 꿰기: 십자 블록의 중심부 구멍에 줄을 끼워 보세요. 서로 누가 잘하는지 내기를 해도 재미있겠죠?

아빠 "아빠랑 똘순이 둘 중에 누가 누가 잘 끼울까? 자, 시작!"

3 십자 블록 돌리기: 십자 블록을 꿴 줄의 양 끝을 잡고 서로 돌려 봅니다.

아빠 "돌리고 돌리고 돌리고…."

블록처럼 중심이 되는 재료가 1가지 있으면
몇몇 다른 재료를 부수적으로 섞어
아주 색다른 놀이를 즐길 수 있어요.
또한 아기의 월령과 성향에 따라
똑같은 놀이라 하더라도
움직임을 더 많이 포함시키거나
놀이에 대한 대화를 나눌 수 있는 형태로 바꾸면
더 오래 재미있게 놀 수 있어요.

`24~30개월`

뽁뽁이 칫솔로 즐기는 링 끼우기

한두 달에 한 번씩 교체하는 아기 칫솔.
바닥에 세워 놓을 수 있는 제품이
위생적이라 즐겨 사게 됩니다.
그런데 치카치카 양치질을 연습하며
칫솔을 사용하다 보면
칫솔모가 금세 망가지죠.
칫솔모를 제외한 다른 부분은 멀쩡한 칫솔을
그냥 버리기가 아깝다면 링 끼우기
놀이를 해 보세요.

준비물

뽁뽁이 달린 칫솔, 젖병 뚜껑(링 부분) 또는 휴지심, 가위

1 칫솔에 끼워 놀 만한 것들을 찾아보니, 젖병 뚜껑과 휴지심이 보이네요.

2 휴지심을 1~1.5cm 두께로 잘라 줍니다.

3 이제 칫솔을 세워 놓고 링 끼우기 놀이를 시작합니다. 뽁뽁이 칫솔을 붙일 수 있는 곳이면 어디서나 놀이가 가능하겠지요. 욕실 타일이나 유리벽 또는 거실 바닥 등등.

4 똑바로 세워서 하는 링 끼우기 놀이가 쉬워지면, 이제 칫솔을 벽에 붙여 놀이를 해 봅니다. 쉬운 듯해도 아슬아슬…. 링이 바닥에 떨어지기도 하니 아기가 더 재미있어 하네요.

tip 아기가 좀 더 크면 링을 크게 만들어 링 던지기 놀이로 발전시켜 보세요.

24~30개월

휴지심과 빨대를 이용한 블록놀이

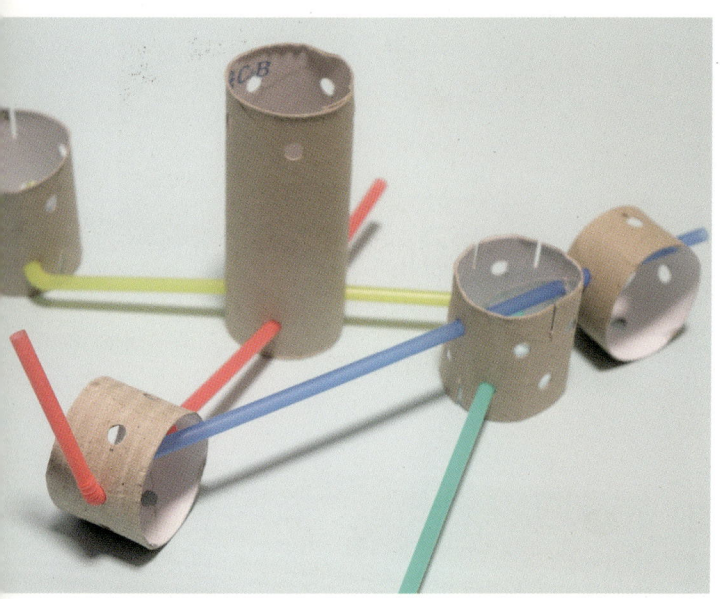

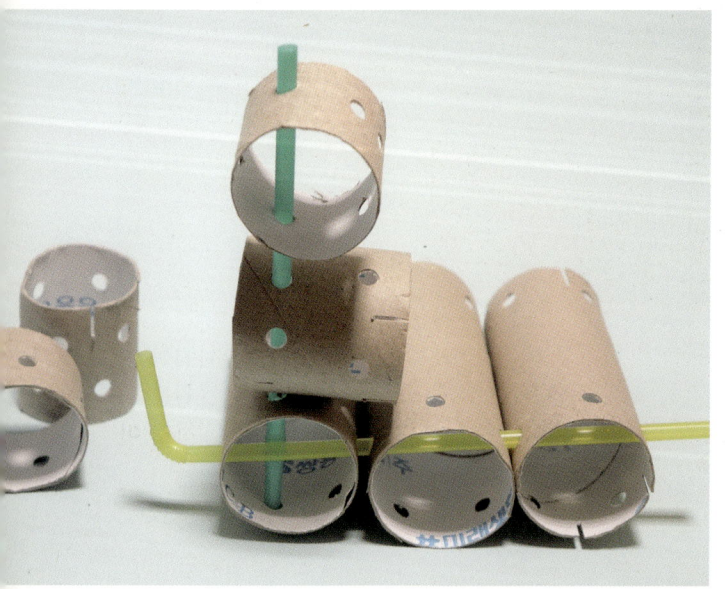

버리기 아까운 재활용품 중 1위가 휴지심이더라고요. 일단 모양이 딱 잡혀 있으니 무언가 입체적으로 만들 때 유용하거든요. 그래서 오늘은 오랫동안 벼르고 벼르던 휴지심 블록 놀이를 만들었어요. 아기 장난감을 만들 때면 늘 '과연 이걸 아기가 좋아할까?' 하는 생각이 들곤 하는데, 휴지심과 빨대를 이용한 블록 놀이는 그런 걱정을 단번에 날려 버릴 만큼 반응이 좋았답니다.

준비물

휴지심, 가위, 펀치(빨대가 들어가는 사이즈의 구멍이 뚫리는 것), 빨대

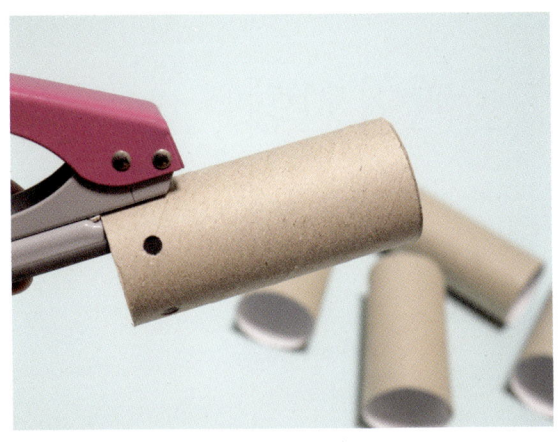

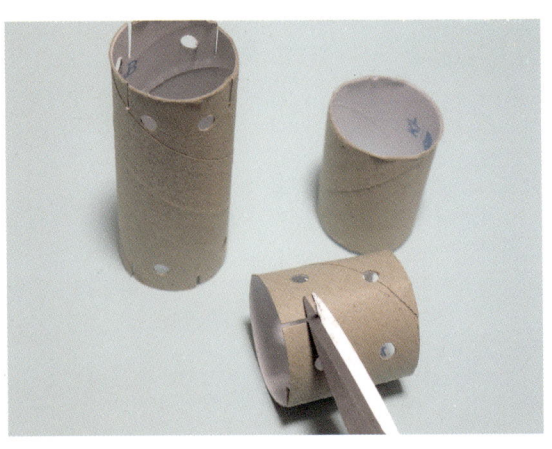

1 휴지심을 다양한 길이로 자른 후 펀치로 사방에 구멍을 뚫어 주세요.

2 휴지심을 서로 끼울 수 있도록 사진처럼 가위로 홈을 만들어 주세요. 이렇게 하면 각각의 휴지심을 서로 연결할 수 있어요.

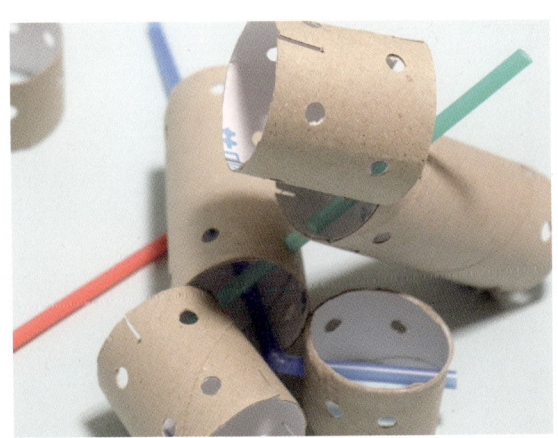

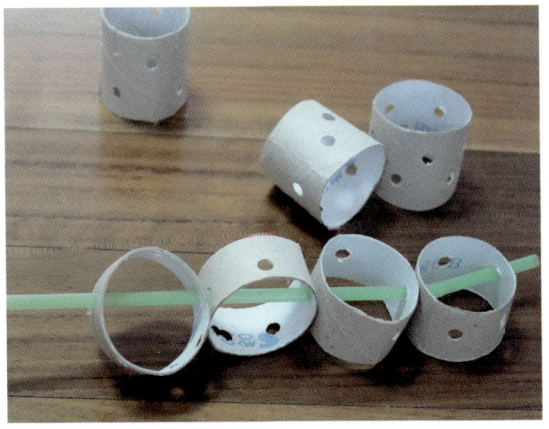

3 이제 휴지심 블록과 빨대를 아기에게 주고 자유롭게 끼워 보며 놀게 합니다.
🟢딸순 "이게 뭐지, 엄마?"
🟢엄마 "휴지심으로 만든 블록이야. 여기 빨대도 있고 휴지심에 구멍도 있지? 구멍 안에 끼워도 되고 블록처럼 가지고 놀면 돼."

4 아기가 생각보다 척척 블록을 너무 잘 갖고 노네요.
🟢딸순 "엄마, 이거 내가 만들었어요. 사탕이에요."

24~30개월

종이 소책자로 자유롭게 만드는 악어 인형

요즘 똘순이는 종이접기를 좋아해요.
아주 근사한 결과물을 만들어 내는 수준은
아니고 그저 종이를 한 번 접었다가 또 접고
폈다 접었다 반복하는 식이죠.
심지어 오늘 아침에는 빨래도 혼자 개고 노네요.
칭찬해 줬더니 어깨가 으쓱 으쓱,
미소를 머금는 사랑스러운 아기.
똘순이가 좋아하는 종이접기를 이용해
악어 인형을 만들어 보았습니다.

준비물

소책자, 팸플릿 등 재활용
종이, 가위, 테이프, 펜

 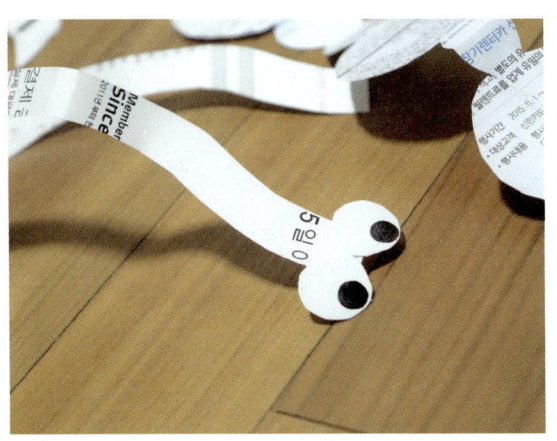

1 우편물이나 팸플릿 등 다양한 모양과 두께, 크기를 가진 종이 책자를 활용해 힘들이지 않고 재미있는 인형을 만들 수 있어요.

2 접힌 종이를 가늘게 자른 후 눈알을 만들어 붙여 봅니다. 몸이 접혔다 펴지는 재미있는 지렁이가 만들어졌네요.

 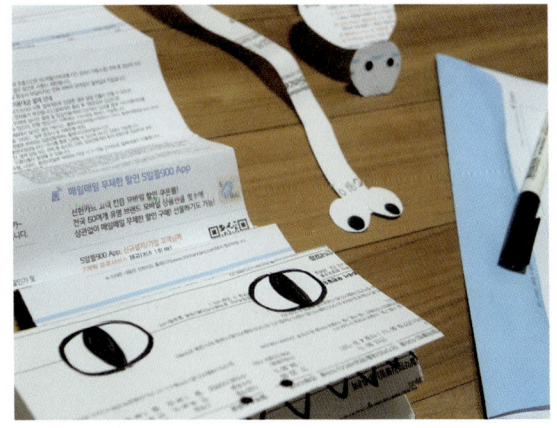

3 소책자 우편물은 책장을 접고 펜으로 지그재그 모양의 이빨을 그려 줍니다. 접은 종이가 악어 입이 되었어요.

4 눈, 코, 입이 완성되면 팸플릿 종이로 몸통을 만들어 붙입니다. 특별히 어려운 게 아니죠. 단순한 발상의 전환이랄까요?

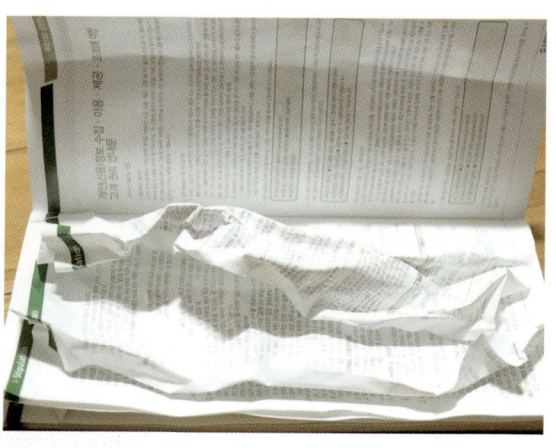

5 악어 몸통에 다리도 만들어 붙여 보고 자투리 종이로 악어 먹잇감인 물고기도 오렸어요. 로봇 악어처럼 보이기도 하네요.

6 소책자의 책장 하나를 마구 구겨 봅니다. 입체감이 생기네요.

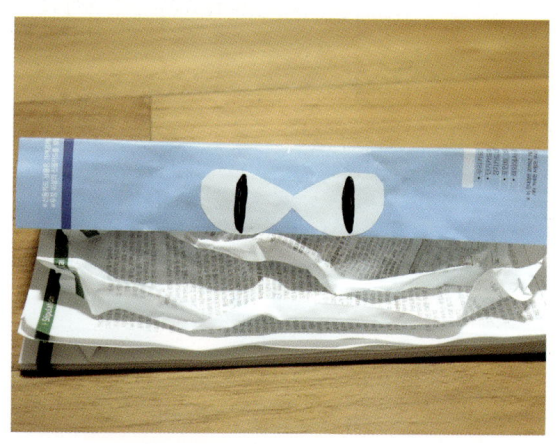

7 눈, 코, 입을 만들어 붙여 줍니다. 어때요? 저는 이 인형에게 '생각 먹는 벌레'라는 이름을 붙였어요. 종이를 보면 글자가 아주 많거든요.

8 자, 이제 악어 인형을 갖고 아기와 놀아 볼까요?
엄마 "악어야, 물고기 먹어. 생각만 먹지 말고."

24~30개월

자석 전단지를 이용한 여러 가지 모양붙이기

앞서 자석 전단지로 낚시 놀이를 만들어 보았는데요.
이제 그 놀이에서 조금 변형된 또 다른 놀잇감을 만들어 볼게요.
생활 속에서 흔히 보는 식재료나 도형의 이름을 익히는 교구로 활용할 수 있고,
다양한 형태를 만들기나 심부름 놀이도 할 수 있어 활용도 만점인 놀이입니다.

준비물

자석 전단지, 색종이, 가위, 풀(또는 양면테이프), 연필, 자석 칠판

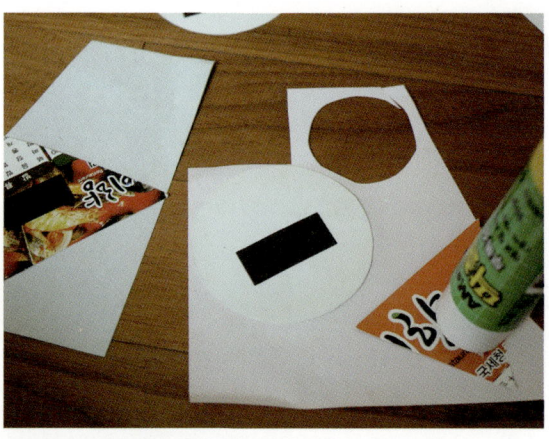

1 자석이 붙어 있는 자석 전단지 뒷면에 연필로 동그라미, 세모, 네모 등 다양한 모양을 그립니다. 이때 자석이 붙어 있는 곳이 중심에 오게 합니다.

2 전단지 앞면에 풀(또는 양면테이프)을 칠하고 그 위에 색종이를 붙여 줍니다.

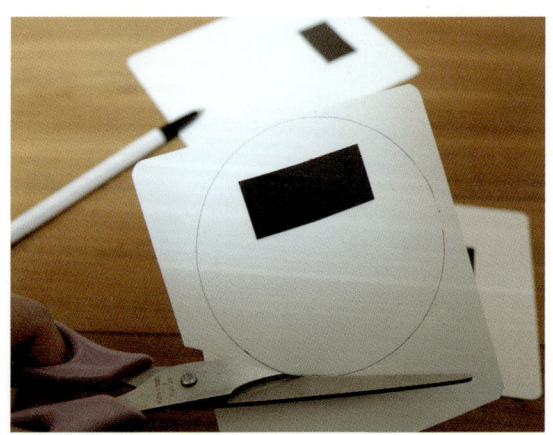

3 연필로 그린 선을 따라 가위로 오리면 여러 가지 모양 붙이기 놀이가 완성됩니다.

4 같은 방법으로 마트 전단지에 나오는 식재료들을 자석으로 만들어 주세요. 사과, 배, 배추, 무, 달걀, 우유, 요구르트 등 아기가 생활 속에서 친숙하게 접하는 식재료들을 자석으로 만들어 어휘력 향상 교구로 활용해 보세요.

5 이제 자석 칠판에서 놀이를 시작해 볼까요? 일단 다양한 모양의 형태를 만들어 봅니다. 작품명 〈나무에 과일이 열렸어요〉입니다.

6 이건 생선을 실은 수레(아니면 트럭?)이고요.

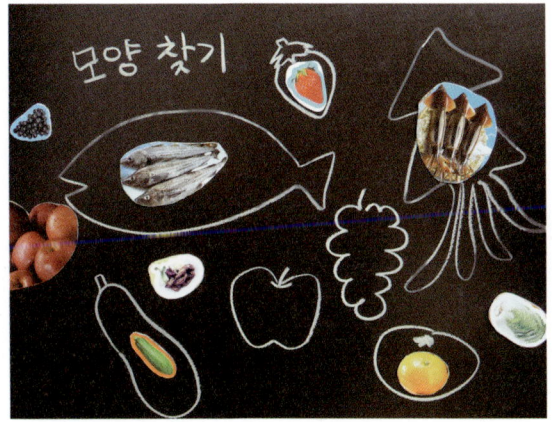

7 심부름 놀이도 해 보세요.
엄마 "똘순아, 호박, 포도, 배추, 오징어, 귤 사 오세요~"

8 자석 칠판에 사과, 포도, 생선 등 그림을 그려주고 마트 전단지 자석에서 똑같은 그림 찾아오기 놀이를 해도 재미있어요.

`24~30개월`

엉금엉금 초간단 거북이 장난감

이제 쓰지 않게 된 이유식 용기는
자투리 식재료 보관함으로 사용하고 있어요.
하루는 투명한 이유식 용기 안에 자리 잡은
파뿌리와 율무 알갱이들을 하나하나
뜯어보았는데 그 모양이나 생김새가
얼마나 재미있던지요. 그래서 오늘은
이 식재료가 담긴 이유식 용기를
그대로 활용해 귀엽고 재미있는
거북이 장난감을 만들어 보았습니다.

준비물

플라스틱 밀폐 용기, 곡물 (또는 용기 안에 넣을 수 있는 재료), 하얀 비닐, 가위, 양면테이프, 펜, 커피 찌꺼기

1 이유식 용기처럼 높이가 너무 높지 않고, 가지고 놀아도 쉽게 깨지지 않는 용기를 준비합니다. 그리고 이 안에 재료를 넣어 줍니다.

2 용기를 그대로 뒤집어 하얀 비닐 위에 올린 후 용기 뚜껑 모양을 그대로 본뜹니다. 그다음 거북이의 머리, 다리, 꼬리를 그려 넣어 줍니다.

3 비닐을 거북이 모양으로 오려 준 후 펜으로 눈을 그립니다. 이제 용기 뚜껑에 양면테이프를 붙여 비닐 거북이를 붙입니다. 이렇게 초간단 거북이 장난감 완성입니다.

4 이제 거북이는 어디로 갈까요? 욕실 대야에 담은 커피 찌꺼기를 모래밭 삼아 거북이 보금자리를 만들고 콩으로 거북이 알도 마련했어요. 자투리 비닐로 아기 거북이도 오려 주고요.
🟢엄마 "알 위에 흙을 덮어 줘야 해. 코 자고 나면 아기 거북이가 나와."
🟢똘순 "와, 아기 거북이가 나왔다. 톡톡 누구세요?"

24~30개월
마른 빨래로 만드는 모닝 토스트와 김밥

아기가 지금보다 더 어렸을 땐
하루에 2~3번씩 세탁기를 돌리곤 했죠.
이제 세탁기는 하루 1번 돌리는 것으로
충분하지만 여전히 빨래는 왜 이리 많은지요.
매일 하는 빨래 개기 놀이가 지겨워질 때쯤
새로운 놀이를 만들어 봤어요.
마른 빨래로 만드는 모닝 토스트와
김밥 맛 좀 보시겠어요?

준비물

마른 빨래, 책, 다양한 물건들, 실

1 빨래 후 잘 마른 수건을 켜켜이 쌓아 봅니다. 토스트용 식빵 같지 않나요? 그럼 이제 토스트의 패티가 되어줄 것들만 찾으면 되겠네요.

2 이것저것 눈에 띄는 대로 찾아봅니다. 책이랑 각종 뚜껑, 수세미나 빨대 정도면 충분하겠네요. 이것을 재료 삼아 타월 샌드위치를 만들어 보세요.

3 이건 생선 초밥 재료예요. 똘순이 원피스에 생선 모양 장식이 있기에 그대로 이용했습니다.

4 진한 색 바지와 수건 그리고 색깔 빨대를 준비해 돌돌 말아 김밥을 만들어 실로 묶어 주세요.

🟢엄마 "김밥 사세요. 한 줄에 1,000원이요! 토스트 사세요. 한 개 1,000원이에요."

24~30개월

두뇌 발달에 좋은, 젓가락으로 콩 집어넣기

젓가락질 연습, 언제부터 시키셨나요?
보통 24개월 전후로 젓가락질 연습을
시작하는 것이 좋다고 하지요.
요즘 똘순이도 젓가락질 연습이 한창인데요,
물론 아직은 많이 서투르네요.
젓가락질은 집중력과 두뇌 발달에 좋다지요?
젓가락질도 놀이로 만들어 연습하게 해 보세요.

준비물

작은 상자, 캡슐 케이스,
젓가락, 숟가락, 콩

1 작은 상자와 아기 그릇, 젓가락과 숟가락 그리고 콩도 준비합니다. 그리고 요즘 똘순이가 아침마다 먹고 있는 비타민 포장 캡슐도 가져왔어요.

2 젓가락으로 콩 집어넣기는 생각처럼 쉽지 않아요. 젓가락으로 잘 되지 않으니 우선 손으로 집어 콩을 담아 보는 아기. 그렇게 반복을 몇 번 반복하더니 다시 숟가락과 젓가락으로 콩을 집어넣네요.

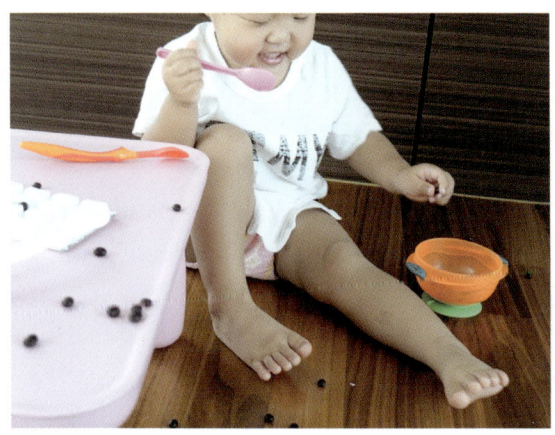

3 콩을 바닥에 뿌린 후 발로 밟으며 촉감을 느끼며 놀기도 하고요.

4 놀이가 끝나면 콩 먹는 벌레 상자를 만들어 함께 콩을 치워 보세요. 상자에 아기 손이 들어갈 수 있는 구멍을 내 주고 눈을 붙여 주세요.
- 똘순 "자~ 먹어, 맛있어, 콩. 국물도 마셔."
- 엄마 "고마워, 냠냠."

콩 집어넣기 놀이가 소꿉놀이로 이어지네요.

24~30개월
들풀과 호두과자로 만드는 빵 화분

기차 타고 할머니 할아버지 댁에 가는 날이면
간식거리로 곧잘 먹는 호두과자.
그런데 이 날 산 호두과자는 팥 앙금이
너무 달아 손이 자주 가지 않더라고요.
식구들에게 천대받던 식은 호두과자는
이후 똘순이 놀잇감으로 재탄생해
제2의 삶을 살게 되었답니다.

준비물

들풀, 꽃, 호두과자(또는 찐 감자, 고구마, 찰흙, 밀가루, 두부 등 무언가를 꽂을 수 있는 재료는 모두 가능)

1 오랜만에 찾은 친정집 농장 곳곳에 건강하게 자란 채소들 그리고 덤으로 구경할 수 있는 들풀과 꽃들이 보입니다. 사람 손 하나 거치지 않고 이렇게 자라는 생명이 정말 신기합니다.

2 토마토 밭에서 사이좋게 자라는 수세미와 여주. 서로 공존하며 어울려 자라는 모습이 보기 좋아요. 때로는 비바람에 떨어진 열매가 땅속 양분이 되고요. 아기와 함께 이 모두를 음미하고 즐깁니다.

3 아기에게 풀이름, 꽃 이름을 알려 주며, 꽃과 풀을 채집합니다.
엄마 "이건 강아지풀이야. 강아지 꼬리처럼 생겼지? 만져 봐. 강아지 털 같지?"
똘순 "응. 따가워."
엄마 "이건 개망초 꽃이야. 달걀프라이처럼 생겼구나."

4 이제 호두과자에 채집한 풀잎과 꽃들을 자유롭게 꽂아 봅니다. 작고 예쁜 화분으로 새롭게 태어났네요.
tip 호두과자를 조금 잘라 안에 팥 앙금이 있는 쪽으로 꽃과 풀을 꽂으면 좋아요.

`24~30개월`

부르릉부르릉 종이테이프 찻길 따라가기

요즘 똘순이가 큰 관심을 갖고 있는 것 중에 하나가 바로 자동차입니다. 자동차 모양을 보며 '버스', '택시', '트럭' 이렇게 종류를 구분해 내기도 하고요. 자동차 장난감 바퀴를 벽, 바닥, 테이블 등에 휙휙 굴려 가며 놀아요. 오늘도 아침에 일찍 일어나 이렇게 노는 아기 모습을 보며 종이테이프를 꺼내 들었습니다.

준비물

자동차 장난감, 종이테이프

1 종이테이프를 준비 합니다. 잘 붙으면서 또 깔끔하게 떨어져서 나중에 치우기도 편해요.

2 아기의 동선을 관찰 후 종이테이프를 붙여 줍니다.

3 "빵빵, 뿡뿡~" 각지거나 꼬불꼬불 자유롭게 찻길을 만들어 보세요. 때로는 장애물도 만들어 주고요. 아기가 종이테이프 찻길을 따라 자동차를 굴리며 더 재미있게 놀아요.

4 찻길을 해체하는 것도 놀이로 해 보세요. 벽과 바닥에 붙였던 종이테이프는 살짝 잡아당기면 쉽게 떨어지죠. 휴지심에 종이테이프를 돌돌 감는 것도 재미있는 놀이가 됩니다.

🌀 **tip** 종이테이프가 잘 감기지 않을 때에는 중간 중간 손으로 종이테이프를 잡아 팽팽하게 해 주면 됩니다.

지긋지긋한 둘째 스트레스로 마음이 울적한 날
비지찌개로 만든
콩비지 파스타

"둘째는 안 낳아요?"

첫 아기를 낳은 후 가장 많이 들었던, 가장 듣기 싫은 이야기 중 하나입니다. 몸도 마음도 아직 덜 추스른 상태에서 이 이야기를 들었을 때, 솔직히 무척 당황스러웠어요. 그런 질문을 한 사람은 그저 저절로 배가 불러 오면 병원 가서 뚝딱 아기를 낳고 또 금세 엄마 몸도 편해지는 줄 아는 걸까요? 물론 엄마들마다 체감하는 출산과 육아의 난이도가 다르겠지만 저에겐 유독 이 두 과정이 힘들게 다가왔는지라 계획 없이 무작정 둘째 가질 엄두가 나질 않았어요. 적어도 그때는 그랬습니다.

제 상황을 제일 잘 아는 남편조차 아무렇지도 않게 둘째 이야기를 꺼냈을 때는 이만저만 서운한 것이 아니었어요. 아기는 일단 낳아 놓기만 하면 알아서 큰다나요. 겉으로는 아무렇지 않은 척 웃어 넘겼지만 속에서 화가 끓어올랐습니다. 알아서 크는 것도 일단 엄마가 뼛골 빠지게 키워 놓은 후의 이야기 아닌가요? 참다 참다 못한 어느 날 친정엄마에게 울면서 전화를 걸어 하소연을 했습니다. 아, 지금도 그때를 생각하니 눈시울이 붉어지네요. 그렇게 시간이 또 흐르고 흐르니 이제 둘째 이야기를 물어 오는 말도 그저 '아기가 외동이면 나중에 쓸쓸하지 않겠느냐?' 정도의 뜻으로 이해, 공감할 정도로 마음이 여유가 생기긴 했네요.

그땐 왜 그렇게 예민했는지, 저도 잘 모르겠어요. 돌이켜 보면 아기를 낳고 좋은 일이 참 많았는데 말이죠. 임신 중 새로운 동네로 이사를 해 친구 하나 없었는데 아기를 낳으면서 조리원 동기들도 생기고 이젠 집 근처에 사는 친구들도 생겼거든요. 무엇보다도 세상을 좀더 넓게 볼 수 있게 되었죠.

몸도 마음도 조금 여유가 생기긴 했지만 아직도 둘째 계획은 잘 모르겠어요. 다만 하루하루 치열한 일상이 지속되고 있기에 오늘도 수고한 나 자신에게, 무탈하게 또 하루를 즐겁게 지내 준 똘순이에게 감사한 마음으로 저녁을 준비합니다.

아기가 밥을 먹기 시작할 때부터 종종 끓여 준 비지찌개는 영양이 풍부하고 어릴 적 향수도 남아 있는 음식이라 즐겨 요리하는 메뉴입니다. 일단 불린 콩을 믹서에 갑니다. 그리고 냄비에 기름을 둘러 고기를 볶은 후 썻어 놓은 김치를 넣고 같이 볶아요. 여기에 멸치육수를 넣고 끓이다가 간 콩을 넣은 후 맑은 물이 보일 때 새우젓으로 간을 해 주면 아기가 먹을 수 있는 비지찌개 반찬이 됩니다.

이 비지찌개를 곁들여 파스타를 만들면 그 맛이 또 근사해요. 면을 삶아 건져 낸 후 면 삶은 물은 남겨 두세요. 그리고 팬에 기름을 두른 후 면과 다진 마늘을 약간 넣고 볶다가 면 삶은 물을 조금 부어 줍니다. 그 물이 끓으면 콩비지찌개와 우유를 약간 넣어 자박하게 끓여서 면에 간이 배도록 볶아 주고 모자란 간은 굵은 소금을 약간 넣어 마무리합니다. 부드러운 맛에 고소한 영양까지 담긴, 살짝 식으면 더 맛이 좋아 둘째 스트레스 따위는 한 방에 날려 버리는 파스타 한 접시로 하루를 마무리합니다.

Step 6

30~36개월

다시는 돌아오지 않을 오늘,
함께 추억을 만드는 놀이

31~36개월이면 차츰 혼자 노는 시간이 늘어나요. 무엇이든 자기가 좋아하는 놀이를 할 때에는 조용히 놀이에 열중하죠. 아기가 관심을 보이는 일을 더 많이, 더 잘할 수 있도록 도와주는 것이 좋아요. 특히 이 시기에는 아기만의 개성이 강해지고 고집도 생기기 때문에 아기의 성향에 잘 맞는 놀이를 하게 해 주세요. 뛰어 노는 것을 좋아하면 야외 활동을 자주 해 주고, 집에서 조용히 앉아 놀거나 책 보는 것을 좋아하는 성향이라면 또 그에 맞게 아기가 좋아하는 놀이를 제안해 주세요.

또한 이 시기의 아기는 조금씩 감정 조절을 시작하고 아기 스스로 자신이 하고 싶은 일과 하기 싫어도 해야 할 일을 구분하기 시작합니다. 그러니 이 시기에는 양치질과 같이 싫어도 해야 하는 일을 왜 해야 하는지 쉽고 재미있는 놀이를 통해 알려 주면 그 효과가 매우 좋아요.

30~36개월

건강한 습관을 길러 주는 치카치카 양치 인형

"뽀득 뽀득~ 싹싹, 윗니, 아랫니…."
노래는 신나게 부르며 좋아하지만
막상 이 닦기를 하자고 하면 칫솔질을
거부하는 아기. 악을 쓰고 울면서 때까지
쓰는 날은 엄마 마음까지 무척 속상해지죠.
아, 뭔가 변화가 필요한 시점.
치카치카 양치 인형에게 한번 도움을
청해 볼까요?

준비물

컵(또는 뚜껑), 테이프(또는 시트지), 크레파스, 유성펜, 가위, 못 쓰는 칫솔

1 테이프나 시트지 위에 유성펜으로 눈과 입 모양을 그려 가위로 오려 줍니다.

2 다양한 종류의 컵이나 뚜껑에 눈과 입을 붙이고, 크레파스를 이용해 이가 썩은 것처럼 혹은 이에 음식물이 끼인 것처럼 그립니다.

3 못 쓰는 칫솔에 비누 거품을 묻혀 아기와 함께 치카치카 이 닦기 해 보세요.

4 이를 깨끗하게 닦았으면 물로 잘 헹구어 내고요.
엄마 "와, 이것 봐. 양치를 하니 이가 깨끗해졌지?"

5 다른 모양의 컵이나 뚜껑에도 마찬가지로 크레파스로 썩은 이를 그려 주고요.

6 칫솔에 비누를 묻혀 이를 싹싹 닦아 주는 놀이를 해 보세요.
🫧 "자, 싹싹싹 이 닦아야 해. 여기 여기 더러워. 무서운 충치 벌레."

7 엄마 "컵순이 이빨이 하얗게 깨끗해졌네. 이젠 이가 하얗게 되었어."
똘순 "웃고 있잖아. 웃어. 기분 좋아."

8 엄마 "친구들도 깨끗하게 이 닦았으니까 똘순이도 치카치카 할까?"
똘순 "치약 주세요. 이~, 아~, 치카치카~"
치카치카 친구들 덕분에 양치 습관 들이기가 한결 수월해졌어요.

30~36개월
만지기만 해도 기분이 좋아지는 **뽁뽁이 토끼**

택배 상자에 함께 실려 오는 뽁뽁이 충전재.
혹 다시 쓸 일이 있을까 해서 모아 뒀는데
한동안 자리만 차지하네요.
그렇다고 그냥 버리기는 아깝고….
그래서 이걸로 똘순이 친구를 하나 만들기로
했어요. 올록볼록, 만지기만 해도
기분이 좋아지는 뽁뽁이 토끼입니다.

준비물

뽁뽁이 충전재, 테이프, 빈 통, 콩이나 쌀, 가위, 유성 펜, 종이

1 빈 병에 콩을 넣습니다. 콩을 많이 넣어 병을 묵직하게 해 주어야 무게중심이 잘 잡히고 인형이 쓰러지지 않아요.

2 뚜껑을 닫은 후, 뽁뽁이로 병을 충분히 말아 테이프로 고정해 주세요.

3 뚜껑 있는 쪽으로 토끼 귀를 만듭니다. 우선 뚜껑 윗부분으로 올라온 뽁뽁이를 가위로 자른 후 테이프를 붙여 양쪽에 귀 모양을 만들어 주세요.

4 아래쪽도 가위로 잘라 사진처럼 다리를 2개 만들어 테이프를 붙입니다.

5 이제 토끼 앞다리를 만들어 줄 거예요. 뽁뽁이를 길쭉하게 말아 테이프를 붙입니다.

6 병 위쪽에 몸통을 감싸듯이 앞다리를 붙여 주세요.

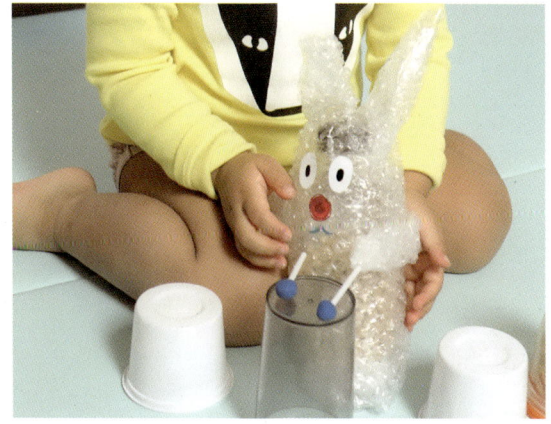

7 끝으로 토끼의 눈, 코, 입을 종이에 그려 붙여 줍니다. 페트병에 붙어 있던 라벨을 활용하니 간편하네요.

8 뽁뽁이 토끼 인형 완성! 누르면 뽁뽁 하고 터지는 느낌도 좋고, 흔들면 소리가 나서 더 재미있어요. 이렇게 재활용품으로 손쉽게 아기가 좋아하는 인형을 만들어 보세요.

얼기설기 거북이 실 꿰기

`30~36개월`

날이 추워 놀이터도 휑하게 빈 날. 온몸이 꽁꽁 언 채 집에 온 아기 손을 녹여 이불을 꼭 덮어 주니 사르르 잠이 들었어요. 곧 다가올 3살 생일. 선물로 뭐가 좋을지 잠든 아기를 옆에 두고 인터넷 검색을 해 봅니다. 이 시기 아기들이 많이 갖고 논다는 끈 끼우기 놀잇감을 납작한 스티로폼 접시를 이용해 만들었습니다.

준비물

스티로폼 접시, 송곳, 빨대, 끈, 두꺼운 종이, 펜, 종이, 테이프, 가위

1 재활용품으로 버리는 종이 중 조금 두꺼운 것을 골라 거북이 머리, 다리, 꼬리 모양으로 오려 사진과 같은 모양이 되도록 테이프로 붙여 주세요. 머리 부분에는 눈알을 만들어 붙입니다.

2 요구르트 빨대를 잘라 끈의 끝부분에 사진과 같이 끼워 테이프로 고정해 줍니다.

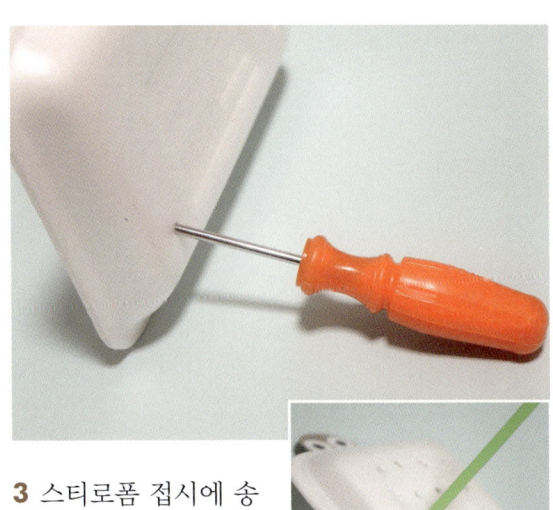

3 스티로폼 접시에 송곳을 돌리듯 넣어 구멍을 뚫은 후 빨대를 한 번 더 넣어 구멍을 넓혀 주세요. 이렇게 해야 끈이 쏙쏙 잘 들어갑니다. 같은 방법으로 구멍을 20~30개 정도 만들어 주세요.

4 이제 즐겁게 실을 꿰며 놀아 보세요. 위, 아래, 왼쪽, 오른쪽 한참을 재미있게 실 꿰기에 열중하네요. 완성된 모습에 무척 뿌듯한지 아기가 기쁨을 표현합니다.

똘순 "아빠, 이거 봐, 거북이야. 저 잘했지요?"

30~36개월
신통방통 다기능 우유 상자 고양이

"엄마, 이거 야옹이네!"
"응, 이거 엄마가 만들었어."
우유 상자로 만든 고양이를 보자마자 흥분하는 똘순이.
어떻게 가지고 노는지 알려 주려 했지만 혼자 하겠다며 만지지도 못하게 하네요.
귀여운 고양이 인형은 물론 필통과 교구로 활용할 수 있는
다기능 우유 상자 고양이를 소개합니다.

준비물

우유 상자, 에어캡, 펜, 컵, 연필, 칼, 양면테이프(또는 테이프), 가위, 흰 종이, 송곳, 끈

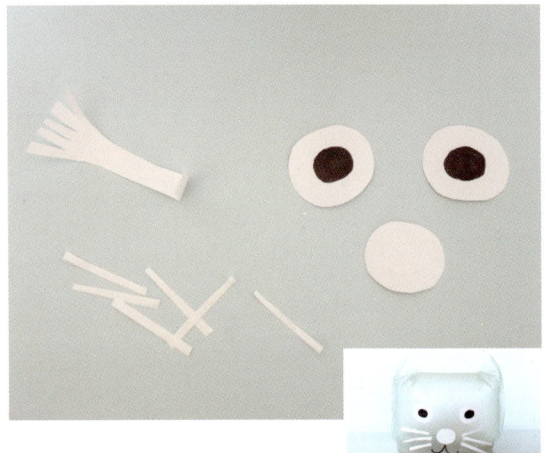

1 우유 상자를 뒤집었더니 고양이 다리가 보이네요. 다리 윗부분에 양면테이프로 에어캡 포장재를 고정해서 고양이 얼굴을 만들어 줍니다.

tip 에어캡은 양 옆을 살짝 당기듯이 붙여 주면 잘 고정됩니다.

2 종이로 눈, 코, 입을 만들어 붙입니다. 이어서 수염과 꼬리도 붙여 주고, 에어캡 양 모서리에 양면테이프를 붙여 살짝 접어 귀도 만들어 줍니다.

3 앞서 소개한 '보글보글 뚝딱뚝딱 주방놀이'를 만들 때와 같이 고양이 몸통에 컵을 꽂을 수 있는 구멍을 만들어 줍니다(110쪽 참조). 구멍에 컵을 끼워 넣으면 고양이 필통이 완성됩니다.

4 고양이 턱 밑에 줄을 달아 주니 온 거실을 누비고 다니네요. 고양이 등에서 컵을 빼고 구멍 안에 공 넣기 놀이를 해도 재미있어요.

엄마 "어, 야옹이가 주황색 응가를 했네. 무엇을 먹은 걸까?"

똘순 "귤을 먹어서 주황색 응가를 했나 봐요."

말랑말랑 밀가루 물고기와 거북이
`30~36개월`

밀가루 반죽을 만지고 있으면 기분이 좋아지죠.
말랑말랑하고 차진 느낌이 고무찰흙이나 지점토와는 또 다른 느낌이에요.
똘순이는 이 밀가루 반죽 놀이를 유난히 좋아하는데요.
빨대와 콩을 주니 밀가루 반죽에 눌러 보고, 뭉쳐 보고, 찍어 보고, 붙여 보는
자유로운 반죽 놀이 시간이 되었어요.

준비물
밀가루 반죽, 빨대, 가위, 재활용 용기 뚜껑(혹은 그릇), 콩

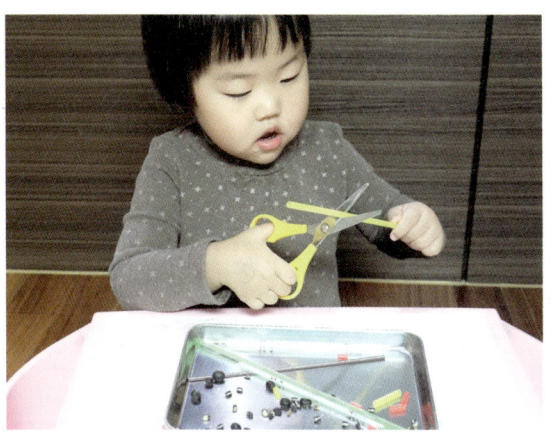

1 밀가루에 물을 넣어 반죽합니다. 식용유를 약간 넣어 반죽하면 손에 붙지 않아 좋아요. 팔 힘보다는 반죽을 둥글리듯 치대면 반죽을 손쉽게 만들 수 있어요.

2 가위로 빨대를 자유롭게 잘라 봅니다. 요즘 유난히 가위질에 빠져 있는 똘순이는 이 과정도 무척 즐거워하네요.

3 이제 반죽으로 모양을 만들어 볼까요? 여러 가지 색깔의 빨대를 함께 사용해 원하는 모양을 표현해 봅니다. 똘순이는 물고기와 해파리를 만들었네요.

4 남은 반죽으로는 거북이를 만들겠다는 똘순이. 재활용품 용기 뚜껑을 엎어 놓고 그 위에 밀가루를 붙이며 거북이 등을 만듭니다. 거북이 알도 만들고요. 완성한 거북이를 머리에 써 보기도 하네요. 거북이 모자라나요?

30~36개월
밀가루 눈이 폴폴, 포도송이로 만든 겨울나무

할아버지 과수원에서 가져 온 포도를
한 번에 두 송이나 먹는 아기.
포도를 먹고 난 후 남은 줄기를 보고
"엄마, 이거 나무야." 하네요.
그러고 보니 포도 줄기가 꼭 나무 같아요.
모양도 제각각, 참 재미나네요.
그냥 버리기엔 뭔가 아까운 모양.
밀가루를 솔솔 뿌려 눈이 내린 겨울나무를
만들어 보기로 했습니다.

준비물
포도 줄기, 밀가루, 빈 통, 송곳, 종이컵, 가위, 밀가루 반죽(또는 점토)

1 음료수 뚜껑에 송곳으로 구멍을 내 줍니다. 이렇게 하면 후추통처럼 밀가루를 뿌리기 좋은 용기가 되지요. 여기에 밀가루를 넣고 뚜껑을 닫습니다.

2 종이컵을 잘라 화분을 만들어요. 끝부분을 가위로 잘라 사진처럼 모양을 내 줍니다(취향에 따라 이 과정은 생략해도 좋아요).

3 밀가루 반죽 또는 점토를 종이컵 안에 꼭꼭 눌러 넣어요.

4 포도 줄기를 물에 적신 후 밀가루 반죽을 채운 종이컵에 꽂아 줍니다. 그리고 **1**에서 만든 밀가루 통으로 밀가루 눈을 뿌리니 흰 눈이 내린 겨울나무가 되었어요. 똘순이는 이 과정이 제일 재미있대요.

30~36개월
단호박씨로 물감을 버무려 데칼코마니

똘순이가 많이 크려는 걸까요?
밤낮으로 뒤돌아서기가 무섭게 먹을 것을 찾아
간식거리로 곧잘 단호박을 준비하곤 해요.
단호박 속을 파낼 때 나온 단호박씨는
그냥 버리지 마세요. 단단하고 예쁜 모양이라
직접 만져 보며 촉감놀이를 하기에도 좋고,
물감을 버무려 데칼코마니도 할 때에도
단호박씨를 이용하면 더 재미있는
결과가 나오거든요.

준비물
단호박씨, 숟가락, 접시,
물감, 종이

1 동근 단호박을 보고 이야기를 나눴어요.
엄마 "이건 단호박이야. 만져 볼래?"
똘순 "쿵쿵쿵 무겁다. 딱딱해. 나무색이야?"
엄마 "응. 호박 껍질은 초록색이야."

2 똘순 "냄새 나, 호박 냄새. 씨, 먹어도 돼요?"
엄마 "익지 않아 맛이 없는데, 한번 먹어 봐."
단호박씨를 입에도 넣어 보고 유심히 만져 봅니다.

 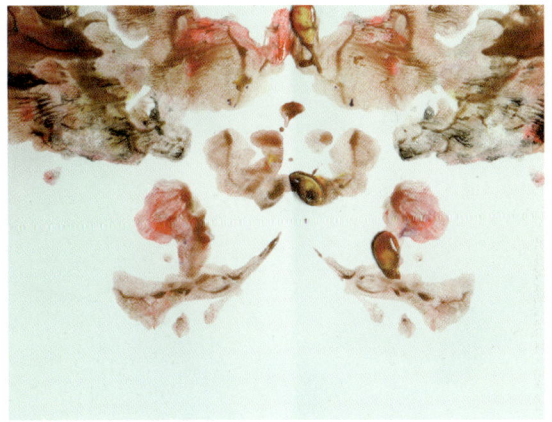

3 "또 필요한 거 있어? 종이? 물감?"
똘순 "종이랑 물감, 다 주세요."
접시에 단호박씨를 놓고 그 위에 똘순이가 고른 물감을 짜 줍니다. 똘순이는 기다렸다는 듯 숟가락으로 물감과 단호박씨를 섞네요.

4 종이 위 한쪽 면에 물감 묻은 단호박씨를 자유롭게 올립니다. 종이가 접히도록 반을 접고, 손으로 지긋이 누른 후 폅니다. 짠! 멋진 단호박씨 데칼코마니가 완성되었어요. 예상하지 못했던 결과물에 아기가 무척 재미있어하네요.

30~36개월
식당에서 지루할 때 최고, 즉석 장난감

친구들과 간만에 만나 못다 한 이야기보따리가 풀렸네요.
엄마들은 신이 났지만 지루함이 밀려오는 아이들.
슬슬 말썽을 피우기 시작하는 녀석들을 위해 즉석 장난감을 만들었어요.
준비물은 집에서 가져 온 간식과 늘 가방에 넣어 다니는 가위, 펜.
그리고 마침 비가 온 날이라 쉽게 구한 일회용 우산 비닐입니다.

준비물

가위, 펜, 일회용 우산 비닐, 종이컵, 빨대, 사과, 방울토마토

1 우산 비닐에 방울토마토 하나를 넣은 후 공기를 빵빵하게 해 묶어 줍니다. 통통통 토마토가 움직이는 비닐 딸랑이 혹은 야구방망이가 완성되었네요.

2 아기 간식으로 챙겨 온 사과와 식당에 있는 빨대로 꽂기 놀이를 했어요. 빨대의 길이를 다양하게 잘라 줍니다.

3 사과에 빨대 꽂기 놀이입니다. 빨대 두께에 따라 서로 겹쳐 끼워 볼 수 있게 하면 놀이가 훨씬 재미있어집니다.

4 종이컵을 가위로 쓱쓱 오려 만든 문어도 인기 만점이었어요. 가위로 컵 끝부분을 쓱쓱 잘라 문어발을 만들고 눈만 그려주면 완성! 이렇게 다양한 즉석 장난감들 덕분에 엄마들도 아기들도 조금 더 즐거운 시간을 누렸답니다.

아슬아슬 재미있는 사과 블록 놀이

`30~36개월`

외할머니가 보내주신 햇사과. 색깔이나 모양은 별로지만 맛은 최고예요.
사과는 적당히 수분을 머금고 있으면서도 비교적 단단해서 아기 장난감 재료로 좋죠.
돌 전에는 이 사과를 공처럼 굴리거나 잡아 보게 하면서
시각, 촉각 발달놀이 재료로 활용했는데 오늘은 조금 다르게 해 봤어요.
아기가 성장한 만큼 놀이도 더 발전해야 하는 법이니까요.

준비물

사과, 칼, 빨대, 가위

1 우선 사과를 잘라서 다시 붙이는 놀이부터 해 보세요. 우선 사과를 반으로 잘라 한쪽은 3등분하고 나머지 한쪽은 부분 부분 썰어 봅니다. 이 사과 블록으로 모양 맞추기, 도형 맞추기 놀이를 해 보세요.

2 이제 또 색다른 사과 블록을 만들어 봅니다. 이번에는 사과를 작게, 크게, 모양도 제각각 마음대로 썰어 보세요.

3 2에서 만든 사과 블록으로 탑 쌓기 놀이를 해 봅니다. 무, 사과, 애호박과 같이 수분감이 있으면서 무르지 않은 채소나 과일은 서로 붙였을 때 쉽게 떨어지지 않아 쌓기 놀이를 하기 좋아요.

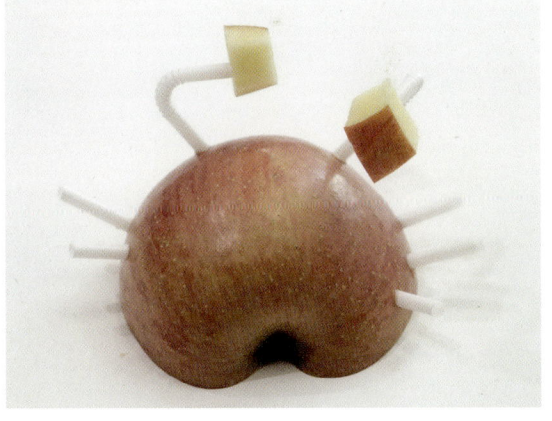

4 빨대를 잘라 사과 조각에 끼우며 다양한 모양 만들기 놀이도 할 수 있지요. 사과 게가 만들어졌네요?

30~36개월
물감 찍어 쿵쿵 벌레 잡기

사과나 배 상자에 들어 있는 올록볼록
과일 포장재는 팔레트 대용으로 딱이에요.
일부러 찾으려면 또 구하기가 쉽지 않아
물감 놀이를 즐기는 똘순이를 위해
보일 때마다 모아 둬요.
과일 포장재에 푼 물감을
뽕망치로 쿵쿵 찍으며
신나는 벌레잡기 놀이를 해 볼까요?

준비물

전지, 물감, 뽕망치(또는 물감을 찍을 수 있는 도구), 크레파스, 과일 포장재(또는 팔레트로 활용할 수 있는 바가지 등)

1 과일 포장재를 팔레트 삼아 물감을 짜서 준비합니다. 전지는 바닥에 깔아 주세요.

2 뽕망치 등 준비한 도구에 물감을 묻혀 종이에 찍어 보세요. 아기에게 원하는 색을 골라 보라고 했더니 여러 가지 색을 한꺼번에 묻혔어요.

tip 뽕망치가 없다면 휴지심, 빈 페트병, 구긴 종이 등 물감을 찍을 수 있는 도구나 재활용품은 무엇이든 가능합니다.

3 겹쳐 묻혀진 물감의 종류에 따라, 아기가 누르는 힘의 정도에 따라 모양이 조금씩 다르게 찍히네요.

4 아기가 관심 있어 하는 벌레, 이를 테면 개미, 풍뎅이 따위를 그려 줍니다. 쿵쿵 하고 뽕망치로 벌레를 잡는 똘순이. 벌레 대신 아기가 좋아하는 동물이나 사물을 그려 주어도 좋겠죠?

`30~36개월`

내 마음대로 척척, 수수깡 장난감

가을이면 시골에서 쉽게 구할 수 있는 수숫대.
흔히 수수깡이라고도 하는데 문방구에서 파는 것과는 비교가 되지 않죠.
수수를 털어 내고 남은 나뭇가지에 불과하지만 가위로 조각내 자르면
이쑤시개도 잘 들어가서 아기 장난감 재료로도 손색이 없네요.
진짜 수수깡은 구하기 어려우니 문방구에서 파는 인조 수수깡이나
수수깡 모양 뻥튀기를 이용해도 좋아요.

준비물

수수깡, 귤, 호박, 대추 등의 과일이나 채소, 이쑤시개, 물감, 종이, 펜

1 수수깡을 다 자르기도 전에 혼자 할 수 있다며 큰 소리로 외치는 아기. 마음이 급한지 재료를 알려 주기도 전에 혼자서 만들어 보겠대요.

2 귤이나 애호박 같이 집에 흔히 있는 과일이나 채소들을 준비합니다. 이쑤시개는 재료들을 서로 연결하는 자재로 활용합니다.

3 눈을 만들어 붙이고 수수깡을 맘대로 꽂아 만든 똘순이의 작품입니다. 하나는 귀가 없는 토끼고 하나는 귀가 있는 토끼라는데, 토끼가 눈을 감았을 때는 귀가 없다가 눈을 뜨면 이렇게 귀가 길쭉하게 생긴다네요! 아기의 상상력이 놀라워요.

4 물감을 가져오더니 수수깡을 붓 삼아 그림도 그려 봅니다. 빗질을 하듯 샥샥 톡톡 수수깡을 두들겨도 보고 물감을 섞어도 보고요. '날아라, 뽕~' 공주가 되었다며 상상의 나래를 펼치며 놀아요.

`30~36개월`

싹둑싹둑 가위질이 즐거운 미용실 놀이

앞서 소개한 수수깡 장난감을 응용한 싹둑싹둑 미용실 놀이입니다. 요즘 한 달째 가위질에 빠져 있는 똘순이. 좋아하는 것을 실컷 해 보게 하는 것이 가장 좋은 놀이죠. 일단 머리 손질이 시급한 손님 두 분부터 초대해 볼까요?

준비물
귤, 나뭇잎, 콩, 가위

1 머리카락 모양과 비슷한 나뭇잎을 찾아 봤어요. 수수깡 장난감을 만들 듯 귤에 꽂아 주니 꼭 머리카락 같지요? 작은 콩을 귤껍질에 눌러 붙여 주니 눈, 코, 입이 되었네요.

2 머리가 긴 귤 손님 입장!
엄마 "예쁘게, 단정하게 잘라 주세요."
매일 종이만 자르다 재료가 바뀌니 더 신이 난 똘순이. 조용히 가위질에 집중합니다.

3 짜잔, 더듬이를 하나씩 남긴 헤어스타일이 훌륭하네요. 가위질을 더 하겠다고 해서 새 나뭇잎을 끼워 줬어요.

4 마무리 청소는 빗자루로! 정리도 놀이로 즐겨 봅니다.

> 30~36개월

스트레스를 한방에 날려 주는 촉감 그림

아기가 화내고 투정을 부리면 엄마도 지치죠.
외출해서 원하는 곳에 오래 머물지 못하자
울고 떼를 쓰는 아기 때문에 무척 속상했어요.
조용한 곳으로 가서 엄마가 왜 속상한지
이야기를 하며 아기 마음을 달래 주니
'엄마, 미안해.' 하고 저를 꼭 안아 주네요.
엄마도 아기도 모두 힘들고 지친 날,
스트레스를 한방에 날려 주는
촉감 그림을 그려 보세요.

준비물

물감, 바가지, 밥, 잡곡, 전지, 붓

1 바닥에 전지를 붙입니다. 밥과 콩을 그릇에 담아 주면 촉감 그림 그릴 준비 끝! 밥과 콩을 전지에 옮겨 붙여 주세요.

2 알록달록 물감을 바가지에 짠 후 붓으로 밥에 색을 입혀 보세요.

3 물감을 섞어 다양한 색도 만들어 보고요. 붓과 손 외에도 아기가 원하는 도구라면 무엇이든 활용해 만지고, 칠하고, 표현해 보세요.

tip 촉감 그림은 종이 위에서 밥과 잡곡을 섞어 촉감놀이를 하고 그 위에 다시 색을 입히는 작업을 더하는 것이기에, 그림이 조금 더 입체적이고 다양한 질감으로 표현됩니다.

4 푸른 바다 느낌이 물씬 풍기는 멋진 작품이 나왔네요. 아기의 그림을 엄마가 말로 표현해 주면 좋아요.
엄마 "푸른 물감이 꼭 파도처럼 보이네."

`30~36개월`

조물조물 단호박 밥 케이크 만들기

바람이 씽씽 불어 몹시 추운날,
아기가 자전거 타러 나가자고 졸라요.
대신 조물조물 반죽 놀이를 하자니까
눈을 반짝이며 밥상 앞에 앉아 기다리네요.
종종 간식으로 먹는 단호박으로
조물조물 단호박 밥 케이크 만들어 봅니다.

준비물

밥, 단호박 찐 것, 참기름 약간, 생일용 초, 컵이나 요구르트 용기

1 단호박 찐 것과 밥을 조금 준비합니다. 밥은 손에 달라붙지 않게 참기름을 조금 넣어 섞어 주고, 아기 손에도 조금 발라 주세요.

2 손으로 밥과 단호박을 만지며 자유롭게 만지며 촉감을 느껴 보게 하세요.

3 둥글둥글 공 모양을 만들어 보기도 하고요. 컵이나 요구르트 용기(컵)에 단호박 밥을 가득 넣어 모양을 만듭니다.

4 요구르트 용기를 거꾸로 엎어 단호박 밥 케이크를 완성했어요. 초를 꽂아 봅니다. 손뼉 치고 생일 축하 노래를 연이어 부르며 아기는 신이 났네요!

tip 기호에 따라 단호박 밥에 어울리는 과일이나 견과류를 토핑으로 올려도 좋아요.

`30~36개월`
띵까띵까 칭칭 나무도마기타

똘순이가 주방에서 도마 하나를 가져오네요.
"호박 주세요. 무 주세요. 칼도요."
하기에 요리 놀이를 하나 보다 했지요.
그런데 갑자기 도마에 색연필로 뭔가를 쓱쓱
그려 넣더니 텔레비전에 나오는 가수처럼
기타 연주하는 폼을 잡아요.
이번에도 아기 생각을 놀이로 발전시켰습니다.
똘순이를 위한 기타를 하나 장만해 주려고요.

준비물

도마(또는 박스), 종이테이프, 가위, 랩

1 나무 도마를 기타처럼 가지고 놀며 노래를 부르는 똘순. 기타를 만들어 줘야겠어요!

2 진한 색의 종이테이프를 이용해 기타처럼 모양을 꾸며 봅니다.

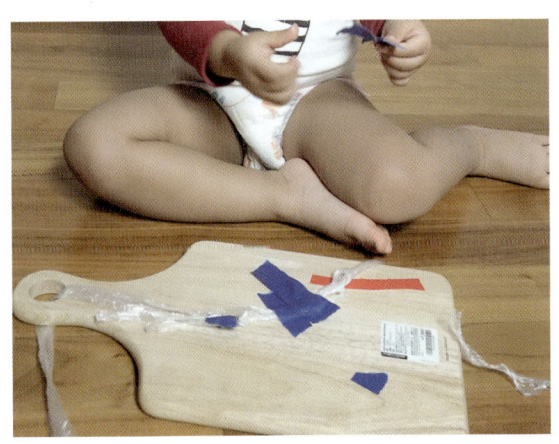

3 랩을 꼬아 만든 줄로 기타를 어깨에 맬 수 있게 만들어 주고요.

4 이렇게 해서 기타 완성! 아침부터 기타를 둘러매고 연주에 열중하는 똘순이. 당분간 도마는 아기에게 양보해야겠네요.

지친 하루, 저녁 한 끼쯤 외식을 하고 싶은 날
떡갈비로 만든
아삭 양상추 버거

    밖에 나가면 아기와 함께 먹을 수 있는 음식이 많지 않아요. 도시락 이유식을 챙겨 다닐 때에는 이런 고민이 없었는데 말이죠. 아기가 점점 크면서 어른들이 먹는 간식, 음식에 관심을 갖기 시작하는데, 정작 물어물어 찾아간 떡갈비집에서 아기는 입맛에 맞지 않은지 음식을 퉤퉤 뱉어 버리네요. 아기가 한 입도 먹지 않고 남긴 요리를 보며 속상함과 미안함이 동시에 밀려옵니다. 아기가 식사를 못 하고 있으면 엄마 아빠도 입맛이 살지 않죠. 대충 먹고 나와 아기 입맛에 맞는 음식을 또 찾아보기도 했어요. 음식 종류가 다양한 뷔페식당에서도 상황은 크게 달라지지 않더군요. 그 많은 음식들 중에 아기가 먹는 건 손에 꼽을 정도이니까요.

    지친 하루, 저녁 한 끼쯤은 외식을 하고 싶은 마음이 밀려오는 날이지만, 나가 보아야 별 수 없다는 것을 너무도 잘 알기에 마음을 다잡고 요리를 시작합니다. 일단 자극적이지 않으면서도 맛이 좋아 아기 반찬으로 안성맞춤인 떡갈비를 도톰하게 만들고, 이것을 이용해 다이어트에 좋으면서 맛과 영양도 훌륭한 양상추 버거를 만들 작정이에요.

    일단 소고기 또는 돼지고기를 간 것, 다진 양파, 진간장, 설탕, 맛술, 후추 약간, 참기름, 찹쌀가루, 다진 마늘 조금을 한데 넣고 치대어 동그란 모양으로 팬에 부칩니다. 이렇게 만든 떡갈비는 아기 반찬으로 주고, 그중 일부를 떼어 양상추와 함께 버거를 만듭니다. 이 버거는 양상추를 빵처럼 사용한다는 점이 색달라요. 양상추 사이에 떡갈비, 양파, 머스타드소스, 피클, 토마토, 치즈를 끼웁니다.

머스터드소스가 없다면 마요네즈와 올리고당, 겨자 소스를 섞어 시판 소스와는 향과 맛이 또 다른, 맛있는 머스터드소스를 만들어 보세요. 버거이지만 손보다는 우아하게 칼질하며 먹는 것을 추천하는, 외식하고 싶었던 생각을 싹 날려 주는 근사한 메뉴입니다.

아기 뇌가 좋아하는
뚝딱 오감발달놀이

ⓒ 안선미 2016

2016년 2월 19일 초판 1쇄 인쇄
2020년 8월 20일 초판 4쇄 발행

지은이 | 안선미
발행인 | 윤호권 박헌용

발행처 | (주)시공사
출판등록 | 1989년 5월 10일(제3-248호)

주소 | 서울 서초구 사임당로 82(우편번호 06641)
전화 | 편집 (02)2046-2896·마케팅 (02)2046-2800
팩스 | 편집·마케팅 (02)585-1755
홈페이지 | www.sigongsa.com

ISBN 978-89-527-7569-6 13590

본서의 내용을 무단 복제하는 것은 저작권법에 의해 금지되어 있습니다.
파본이나 잘못된 책은 구입하신 서점에서 교환해 드립니다.